当代中国科普精品书系　迈向现代农业

中国科普作家协会总策划

食用农产品安全消费100问

农业部农产品质量安全监管局　编

中国农业出版社

《当代中国科普精品书系》
编委会成员

（以拼音字母为序）

顾　　问：王麦林　章道义　张景中　庄逢甘

主　　任：刘嘉麒

副 主 任：郭曰方　居云峰　王　可　王直华

编　　委：白　鹤　陈芳烈　陈有元　方　路　郭　晶　郭曰方
顾希峰　何永年　焦国力　金　涛　居云峰　李桐海
李新社　李宗浩　刘嘉麒　刘泽林　刘增胜　倪集众
牛灵江　彭友东　任福君　孙云晓　田如森　王　可
王文静　王直华　汪援越　吴智仁　阎　安　颜　实
尹传红　殷　皓　于国华　余俊雄　袁清林　张柏涛
张增一　郑培明　朱雪芬

《当代中国科普精品书系》序

刘嘉麒

以胡锦涛为总书记的党中央提出科学发展观，以人为本，建设和谐社会的治国方略，是对建设有中国特色社会主义国家理论的又一创新和发展。实践这一大政方针是长期而艰巨的历史重任，其根本举措是普及教育，普及科学，提高全民的科学素质，这是富民强国的百年大计，千年大计。

为深入贯彻科学发展观和科学技术普及法，提高全民科学素质，中国科普作家协会决心以繁荣科普创作为己任，发扬茅以升、高士其、董纯才、温济泽、叶至善、张景中等老一辈科普大师的优良传统和创作精神，团结全国科普作家和科普工作者，调动各方面积极性，充分发挥人才与智力资源优势，推荐或聘请一批专业造诣深，写作水平高，热心科普事业的科学家、作家亲自动笔，并采取科学家与作家相结合的途径，努力为全民创作出更多、更好、水平高、无污染的精神食粮。

在中国科协领导的指导和支持下，众多作家和科学家经过三年多的精心策划，编创了《当代中国科普精品书系》。这套丛书坚持原创，推陈出新，力求反映当代科学发展的最新气息，传播科学知识，倡导科学道德，提高科学素养，弘扬科学精神，具有明显的时代感和人文色彩。该书系由 15 套丛书构成，每套丛书含 4～10 部图书，共约 100 余部，达 2000 余万字。内容涵盖自然科学和人文科学的方方面面，既包括太空探秘，现代兵器等有关航天、航空、军事方面的高新科技知识，和由航天技术催生出的太空农业，微生物工程发展的白色农业，海洋牧场培育的蓝色农业等描绘农业科技革命和未来农业的蓝图；也有描述山、川、土、石、沙漠、湖泊、湿地、森林和濒危动物的系列读本，让人们从中领略奇妙的大自然和浓郁的山石水土文化，感受山崩地裂，洪水干旱等自然灾害的残酷，增强应对自然灾害的能力，提高对生态文明的认识；还可以读古诗学科学，从诗情画意中体会丰富的科学内涵和博大精深的中华文化，读起来趣味横生；科普童话绘本馆会同孩子们脑中千奇百怪的问号形成一套图文并茂的丛书，为天真聪明的少年一代提供了丰富多彩的科学知识，激励孩子们异想天开的科学幻想，是启蒙科学的生动画卷；创新版的十万个为什么，以崭新的内容和版面揭示出当今科学界涌现的新事物，新问题，给人们以科学的启迪；当你翻开《老年人十万个怎么办》，就会感到它以科学思想、科学精神、科学方法、科学知识回答老年人需要解决的实际问题，是为城乡老年人提供的一套迄今为止最完整、最权威、最适用的生活宝典；当你《走进女科学家的世界》，就会发现，这套丛书以浓郁的笔墨热情讴歌了十位女杰在不同的科学园地里辛勤耕耘，开创新天地的感人事迹，为一代知识女性树立了光辉榜样。

科学是奥妙的，科学是美好的，万物皆有道，科学最重要。一个人对社会的贡献大小，很大程度取决于对科学技术掌握运用的程度；一个国家，一个民族的先进与落后，很大程度取决于科学技术的发展程度。科学技术是第一生产力这是颠扑不灭的真理。哪里的科学技术被人们掌握得越广泛越深入，哪里的经济、社会就会发展得快，文明程度就高。普及和提高，学习与创新，是相辅相成的，没有广袤肥沃的土壤，没有优良的品种，哪有禾苗茁壮成长？哪能培育出参天大树？科学普及是建设创新型国家的基础，是培育创新型人才的摇篮，待到全民科学普及时，我们就不用再怕别人欺负，不用再愁没有诺贝尔奖获得者。相信《当代中国科普精品书系》像一片沃土，为滋养勤劳智慧的中华民族，培育聪明奋进的青年一代，提供丰富的营养。

目录 CONTENTS

一、食用农产品安全消费基础知识

1. 什么是安全的食用农产品?

安全的食用农产品，是指食用农产品中不应含有可能损害或威胁人体健康的因素，不应导致消费者急性或慢性毒害，或感染疾病，或产生危及消费者及其后代健康的隐患。食用农产品来源于动物和植物，受各种污染的机会很多，其污染的方式、来源及途径是多方面的，在生产、加工、运输、贮藏、销售、烹饪等各个环节均可能出现污染，因此食用农产品质量安全不仅仅局限于

微生物污染、生物毒素、化学物质残留及物理危害，还包括如营养、食品质量、标签及安全教育等问题。目前我国食用农产品安全存在的主要问题，大致包括兽药或农药残留超标、动物疫病、环境因素造成的有毒有害物质超标及人为的掺杂使假等几个方面。

2. 我国食用农产品的安全现状如何？

农产品质量安全（特别是鲜活农产品的质量安全）是近些年全球都特别关注的热点之一。我国政府一直非常重视这项工作，近些年农业部在农产品质量安全控制方面采取了一系列有效措施，如大力推广应用标准化生产技术、开展生产环境的监测监控、加强对农药兽药等生产资料使用的监管、实施农产品质量安全监督抽查、实行市场准入制度和强化农产品质量安全责任制等，有效地控制了源头的污染，使农产品质量安全水平大幅度提高。近两年农业部对全国37个省（自治区、直辖市，含计划单列市）生产基地、批发市场、农贸市场和超市每年5次的蔬菜农药残留例行监测，合格率基本在95%以上，合格率比国际食品法典委员会（CAC）发布的有关标准判定，还要高两个百分点左右。

近年来，国内媒体报道了多起不安全食用农产品事件，使得很多消费者对国内食用农产品质量缺乏信心。其实，广大消费者和媒体工作者应准确理解“不安全食品”这一概念。监测部门日常抽检不合格的产品，仅代表该产品不符合检测标准，而不能简单认为是不安全的产品。如何确认不合格产品是否安全，还要看其超标程度和整体摄入量是否对人体构成威胁。以孔雀

石绿残留为例，监测部门检测到在水产品中孔雀石绿的含量最低是0.002毫克，最高是5毫克，香港食品环境卫生署对此做了一个风险评估，称如果一个人一天吃290千克这样的水产品，也不会致癌。

3. 如何安全消费食用农产品？

（1）购买 我国近年来大力推行了农产品市场准入制度，要求只有符合质量安全要求的农产品方能上市出售。大型批发市场、超市及大型农贸市场所出售的农产品受到严格检测及监督管理，一般也建立了速测点，因此，在以上地点购买的产品在质量安全上会更有保证。同时，根据历年的检测结果显示，超市的农产品质量安全合格率要高于农贸市场。消费者应尽量避免到小摊贩去购买，因为小摊贩流动性大，很难定点监管，且生产规范性差，相当大一部分摊贩所出售的农产品来自自家生产或收购散户所生产的，这对执法以及消费者理赔均造成困难。若消费者条件不允许，附近没有大型超市及农贸市场，也应到相对定点的市场去购买，以方便农产品溯源，尽量避免购买流动摊贩所出售的食用农产品。

（2）识别 当前，我国农产品质量安全认证主要有无公害农产品、绿色食品和有机食品三种基本类型。消费者在购买食用农产品时，要认清产品标签上的相关的标识，同时了解一些常用的食用农产品质量鉴别方法。

（3）科学贮藏和食用 了解食用农产品的一般特性，才能做到科学贮藏和食用。比如：杨梅买回家为什么要先用盐水泡？土豆发芽如何处理才不中毒？如何把蔬菜瓜果上的农药残留成分降到最低？如何科学食用蜂产品？生熟食制作时为什么要分开？用了苏丹红的红心鸭蛋到底有多大的危害？等等。

4. 无公害农产品、绿色食品和有机食品的标志是什么？

（1）无公害农产品标志 图案由麦穗、对勾和无公害农产品字样组成，麦穗代表农产品，对勾表示合格，金色寓意成熟和丰收，绿色象征环保和安全。

无公害农产品是经过农业部农产品质量安全中心认证的。辨别标志真伪时，揭开或刮开全国统一的无公害农产品标志，通过标志上的16位防伪数码，用下列查询方式就可以判定是否属于无公害农产品。A. 手机（移动、联通、小灵通）短信息查询：将16位防伪数码写成短信内容发送到1066958878。B. 互联网查询：登录http：//www.aqsc.gov.

cn 在防伪标识查询。

通过查询不但能辨别标志的真伪，而且还能了解认证产品的生产厂家、产品名称、品牌等相关信息。

（2）绿色食品标志 图形由三部分构成，即上方的太阳、下方的叶子和蓓蕾。标志图形为正圆形，意为保护、安全。

可通过产品包装的四项标注内容来识别绿色食品。即：图形商标、文字商标、绿色食品标志许可使用编号和“经中国绿色食品发展中心许可使用”字样。

绿色食品

绿色食品标志许可使用编号的含义是：

以 LB—XX—XX XX XX XX XX A 为例（X 代表数字）：LB 为标志代码，横线中间的两位数字为产品分类，后面的数字依次 1～2 位为批准年度，3～4 位为批准月份，5～6 位为省份国别，7～10 位为产品序号，A 为产品分级。

（3）有机食品标志 采用人手和叶片为创意元素。我们可以感觉到两种景象，其一是一只手向上持着一片绿叶，寓意人类对自然和生命的渴望；其二是两只手一上一下握在一起，将绿叶拟人化为自然的手，寓意人类的生存离不开大自然的呵护，人与自然需要和谐美好的生存关系。有机食品概念的提出正是这种理念的实际应用。人类的食物从自然中获取，人类的活动应尊重自然的规律，这样才能创造一个良好的可持续的发展空间。另外，标志的圆形和反白底图的 f 正是有机食品英文——Organic food 的头一个字母 Of。

5. 无公害农产品、绿色食品和有机食品的特点和关系是什么？

（1）无公害农产品特点 产品质量达到我国普通农产品和食品标准要求，保障基本安全，满足大众消费；产品以初级食用农产品为主；推行“标准化生产、投入品监管、关键点控制、安全性保障”的技术制度；采取产地认定与产品认证相结合的方式；认证属于公益性事业，不收取费用，实行政府推动的发展机制。

（2）绿色食品特点 产品质量安全标准整体达到发达国家先进水平，市场定位于国内大中城市和国际市场，满足更高层次的消费；产品以初级农产品为基础、加工农产品为主体；推行“两端监测、过程控制、质量认证、标志管理”的技术制度；采取质量认证与证明商标管理相结合的方式；绿色食品认证以保护农业生态环境、增进消费者健康为基本理念，不以营利为目的，收取一定费用保障事业发展，采取政府推动与市场拉动相结合的发展机制。

（3）有机食品特点 按照有机农业方式生产，对产品质量安全不作特殊要求，满足特定消费，主要服务于出口贸易；产品以初级和初加工农产品为主；强调常规农业向有机农业转换，推行基本不用化学投入品的技术制度，保护生态环境和生物多样性，维护人与自然的和谐关系；注重生产过程监控，一般不做环境监测和产品检测，一年一认证；按照国际惯例，采取市场化运作。

总体上讲，无公害农产品、绿色食品和有机食品既有联系，又有区别。三者都属于安全农产品范畴，是农产品质量安全工作的重要内容。无公害农产品突出安全因素控制；绿色食品既突出安全因素控制，又强调产品优质与营养；有机食品注重对影响生态环境因素的控制。三者相互衔接，互为补充，各有侧重，共同发展。

6. 食用农产品标准包括哪些？是如何分类的？

食用农产品标准包括种植业、畜牧业、渔业等行业所涉及的技术标准，如蔬菜水果、肉禽蛋奶、鱼虾贝藻均属于食用农产品标准的范畴。

食用农产品标准就性质来说，分推荐性标准和强制性标准。推荐性标准推荐各个有关部门采用，强制性标准在一定范围内强制实施。从层次上来说，分国家标准、行业标准、地方标准和企业标准。

7. 食品标签中的 HACCP、GMP、SSOP、ISO 等标识代表什么含义？

HACCP、GMP、SSOP 这三种为食品安全管理体系。

HACCP：翻译成中文就是危害分析和关键控制点。

GMP：翻译成中文就是良好生产规范，是政府强制性的有关食品生产、加工、包装、贮存、运输和销售的卫生要求，以法律、法规、规章或管理文件等形式出现。

SSOP：翻译成中文就是卫生标准操作程序，是食品加工企业为了保证其生产操作达到 GMP 所规定的要求，确保加工过程中消除不良因素，使其所加工的食品符合卫生要求而制定的，指

导食品生产加工过程中如何实施清洗、消毒和卫生保持的指导性文件。

ISO：为质量管理体系，代表意义就是国际标准化组织。

8. 常见的食用农产品标准代号有哪些？

国家标准代号为“GB”，推荐性国家标准为“GB/T”。如：GB/T 8582—2000 表示该标准为 2000 年发布的推荐性国家标准。

行业标准代号由两个汉语拼音字母组成，不同行业有不同的代号。农业为“NY”、水产为“SC”。如：NY/T 1281—2007 表示该标准为 2007 年发布的推荐性农业行业标准。

地方标准代号由“DB”和各省、市、自治区行政区划代码前两位数加斜线组成，如上海市地方标准的代号为：DB31/和 DB31/T。

企业标准代号为“Q”加斜线和代号组成。如：Q/HZA 018—1995。

9.《农产品质量安全法》对农产品的包装和标识有哪些要求？

《农产品质量安全法》对于农产品包装和标识的规定主要包括：

（1）农产品生产企业、农民专业合作经济组织以及从事农产品收购的单位或者个人销售的农产品，按照规定应当包装或者附加标识的，须经包装或者附加标识后方可销售。包装物或者标识上应当按照规定标明产品的品名、产地、生产者、生产日期、保质期、产品质量等级等内容；使用添加剂的，还应当按照规定标明添加剂的名称。

（2）农产品在包装、保鲜、贮存、运输中使用的保鲜剂、防腐剂和添加剂等材料，应当符合国家有关强制性的技术规范。

（3）属于农业转基因生物的农产品，应当按照农业转基因生物安全管理的规定进行标识。

（4）依法需要实施检疫的动植物及其产品，应当附具检疫合格的标志、证明。

（5）销售的农产品符合农产品质量安全标准的，生产者可以申请使用无公害农产品标识；农产品质量符合国家规定的有关优质农产品标准的，生产者可以申请使用相应的农产品质量标志。

10.根据《农产品质量安全法》规定，哪些农产品不得在市场上销售？

（1）含有国家禁止使用的农药、兽药或者其他化学物质的。

（2）农药、兽药等化学物质残留或者含有的重金属等有毒有害物质不符合农产品质量安全标准的。

（3）含有的致病性寄生虫、微生物或者生物毒素不符合农产品质量安全标准的。

（4）使用的保鲜剂、防腐剂、添加剂等材料不符合国家有关强制性的技术规范的。

（5）其他不符合农产品质量安全标准的。

11. 买到假冒劣质农产品后该怎么办?

民众在市场上买到假冒劣质的农产品，可以与经营者协商解决，或请求消费者协会调解，也可以向主管部门申诉，或者根据与经营者达成的仲裁协议提请仲裁机构仲裁。以上都未能解决，可以向人民法院提起诉讼。按照《农产品质量安全法》第五十四条的规定，如果在批发市场购买的农产品，可以向批发市场直接要求索赔。这里要提醒消费者，在消费购物时，一定要索要发票，并尽可能地保存购买发票、农产品包装以及因问题农产品导致就诊的各类票据、病历等相关证据。

12. 什么是农药残留和农药残留量?

农药使用后残存在生物体、农副产品和环境中的农药原体、有毒代谢物、降解物和杂质的总称叫农药残留。残存的数量叫残留量，以每千克样本中有多少毫克（或微克、纳克等）表示。农药残留是使用农药后的必然现象，只是残留的时间有长有短，残留量的数量有大有小，但残留是不可避免的。研究农药残留的目的是通过合理用药以减少农药残留量和残留农药对人类和环境、生态系统的不良影响。

13. 什么是畜禽产品安全?

畜禽产品安全，是指畜禽产品中不应含有可能损害或威胁人体健康的因素，不应导致消费者急性或慢性毒害或感染疾病，或产生危及消费者及其后代健康的隐患。畜禽产品来源于动物，受各种污染的机会很多，其污染的方式、来源及途径是多方面的，在养殖、加工、运输、贮藏、销售、烹饪等各个环节均可能出现污染，因此畜禽产品质量安全不仅仅局限于微生物污染、化学物质残留及物理危害，还包括如营养、食品质量、标签及安全教育等问题。目前我国畜禽产品安全存在的主要问题，大致可分为兽药残留超标、动物疫病、环境因素造成的有毒有害物质超标及人为的掺杂使假问题。

（一）米面油类

14. 怎样储存大米才安全，营养流失少？

大米应储存在阴凉、通风、干燥的环境中。最佳的保鲜温度是 17℃。但在家庭环境中，温暖和湿润等条件很难控制，储存大米的难度较大。如果注意到以下几点，就可以提高大米储存的安全性。

（1）大米不宜与鱼、肉、蔬菜等水分高的食品同时储存，否则大米易吸水，导致霉变。

（2）大米不宜存放在厨房内。因厨房温度高、湿度大，对大米的质量影响极大。

（3）大米不宜靠墙着地，通常要放在垫板上，这样做的目的同样是为了防止大米霉变或生虫。

（4）大米不宜放在炉灶旁。离热源太近，大米会发热而引起质量变化。

（5）大米不宜见光，切忌将米暴晒在阳光下。

由于大米储存期间，即便未发热、生虫、发霉，其食用品质和营养成分也会逐渐下降。所以，大米最好随吃随买，用量在十几天左右，从大米保存条件好的超市和批发市场购买，这样可以缩短大米的流动周期，确保大米的安全性和营养品质。有条件者，可将大米低温储存，最好保持在17℃左右，同样也可以保证大米的品质和口味。

15. 怎样鉴别和处理发霉大米？

闻：如闻到大米有异味，这是发热霉变的先兆，处于霉变早期的大米，异味并不明显。

看：可从以下几个方面看出大米是否发生霉变：①出现脱糠：因米粒潮湿，黏附糠粉或米粒上未碾尽的糠皮浮起，可看到米粒显得毛糙、不光洁。②起眼：由于大米胚部组织较松，含蛋白质、脂肪较多，霉菌先从此侵蚀，使胚部变色，俗称“起眼”。③起筋：米粒侧面与背面的沟纹呈白色，继而呈灰白色，故称起筋，米的色泽发暗。

摸：由于大米和微生物的强烈呼吸，局部水分凝结，米粒潮湿，称为出汗。其硬度下降，散落性降低，用手握可以成团。

当储存大米出现起眼和起筋等现象时，大米发霉程度已比较明显。这时必须摊晾和通风，及时处理，以防继续变质。在大米早期发热霉变过程中，米质损失不明显，如及时处理，不影响食用。可于做饭前尽量碾去皮层，用清水多搓洗几遍，倾去水中浮物、米糠，降低大米中霉菌毒素的含量。一旦霉变严重，不可食用，否则会引起肝脏损害等人体中毒症状。

16. 什么是陈化粮？陈化粮可否食用？

陈化粮是指符合判定为“陈化”规定的，不宜直接作为口粮食用的粮食。其评价指标主要是粮食的口感、色泽、气味及部分理化指标，未涉及卫生评价指标。

粮食陈化是一种自然现象。随着储存时间的延长，特别是超过正常储存年限以后，粮食的内部结构逐渐松弛，酶活性降低，呼吸能力衰退，生活力减弱。粮食在储存期间即使是未发热、生虫、霉变，也仍然存在陈化的自然现象。

粮食陈化现象表现在食用品质和使用品质下降，严重陈化时酸度明显增加，口感明显变差，并不一定出现黄曲霉毒素等卫生指标不合格的情况。所以，粮食储存时间长不一定等于就含有黄曲霉毒素，其含量与储存时间没有必然的关系，而是与粮食收获时的气候条件和储藏条件有关。即使是当年收获的粮食如果不及时进行干燥，生霉后，也有可能产生黄曲霉毒素。

国家对陈化粮的销售和使用有严格的规定，陈化粮只能用于生产酒精、饲料等，不得流入口粮市场。未经国家有关部门批准，企业不得擅自销售处理陈化粮。

17. 如何鉴别染色小米？

染色小米是指非法生产者利用发生霉变和失去食用价值的小米，经漂洗后，再用黄色素染色的劣质小米。

我国对食用染色剂的使用量和使用范围有严格的规定，不允许在小米一类粮食中添加染色剂。

一般小米呈鲜艳自然黄色，光泽圆润，手轻捏时，手上不会染上黄色。若用姜黄或地板黄等色素染过的小米，色泽深黄，缺乏光泽，粒色泽一样，在用手轻捏时会在手上染上黄色。用姜黄素染过的小米会有姜黄气味，如果用柠檬黄、日落黄等染小米，可能没有异味。可把少量小米放入杯中加入少量温水，摇晃后静置，若水变黄即可说明该小米染过色。

18. 如何识别真伪黑米？

黑米是一种药、食兼用的大米，米质佳，食用价值高。除煮粥外，还可以制作各种营养食品和酿酒。现代医学证实，黑米具有滋阴补肾，健脾暖肝、明目活血等疗效。所含营养成分多聚集在黑色皮层，故不宜精加工，以食用糙米或标准三等米为宜。煮粥时，夏季将黑米用水浸泡一昼夜，冬季浸泡两昼夜，淘洗次数要少，泡米的水要与米同煮，以保存营养成分。

目前，市场上常见的黑米掺假有两种情况，一种是存放时间较长的次质或劣质黑米，经染色后以次充好出售；另一种是采用普通大米经染色后充黑米出售。天然黑米经水洗后也会掉色，只不过没有染色黑米厉害而已。消费者在购买黑米时可从以下几个方面进行感官鉴别：

一看：看黑米的色泽和外观。一般黑米有光泽，米粒大小均匀，很少有碎米、爆腰（米粒上有裂纹），无虫，不含杂质。次质、劣质黑米的色泽暗淡，米粒大小不匀，饱满度差，碎米多，有虫，有结块等。对于染色黑米，由于黑米的黑色集中在皮层，胚乳仍为白色，因此，消费者可以将米粒外面皮层全部刮掉，观察米粒是否呈白色，若不是呈白色，则极有可能是人为染色黑米。

二闻：闻黑米的气味。手中取少量黑米，向黑米哈一口热气，然后立即嗅气味。优质黑米具有正常的清香味，无其他异味。微有异味或有霉变气味、酸臭味、腐败味和不正常的气味的为次质、劣质黑米。

三尝：尝黑米的味道。可取少量黑米放入口中细嚼，或磨碎后再品尝。优质黑米味佳，微甜，无任何异味。没有味道、微有异味、酸味、苦味及其他不良滋味的为次质、劣质黑米。

19. 如何选购紫米？黑米与紫米的区别是什么？

紫米和黑米这两者都是稻米中的珍品，它是近年国际流行的"健康食品"之一。与普通稻米相比，黑米和紫米不仅蛋白质的含量相当高，必需氨基酸齐全，还含有大量的天然黑米色素、多种微量元素和维生素，特别是富含铁、硒、锌、维生素 B_1、维生素 B_2 等。我国民间把黑米俗称"药米"、"月家米"，作为产妇和体虚衰弱病人的滋补品，也用于改善孕产妇、儿童、贫血动物模型缺铁性贫血的状况。《本草纲目》和《神农本草经》中记载，黑米有滋阴补肾、健脾开胃、补中益气、活血化淤等功效。黑米和紫米中的膳食纤维含量十分丰富。膳食纤维能够降低血液中胆固醇的含量，有助预防冠状动脉硬化引起的心脏病。

因紫米产地限制产量小，价值（格）高，在市场中销售的紫米多为黑米（10%黑米加糯米）或黑米（类黑米）类添加 3%～5%的纯天然紫米，并非纯正的墨江紫米。在选购中可根据以下方法进行鉴定：

纯正的墨江紫米米粒细长，颗粒饱满均匀。外观色泽呈紫白色或紫白色夹小紫色块。用水洗涤水色呈黑色（实际紫色）。用手抓取易在手指中留有紫黑色。用指甲刮除米粒上的色块后米粒仍然呈紫白色。煮食纯正的紫米晶莹、透亮，糯性强（有黏性），蒸制后能使断米复续。入口香甜细腻，口感好。

而黑米外观色泽光亮，黑色包裹整颗米粒。用指甲刮除色块后米粒色泽同大米。

20. 面粉的种类是如何划分的？

面粉（指小麦粉）按性能和具体用途可分为专用面粉、通用面粉和营养强化面粉。专用面粉如面包粉、饺子粉、饼干粉等，消费者在选择面粉时，可根据用途有针对性地选择专用面粉；营养强化面粉如增钙面粉、富铁面粉、“7＋1”营养强化面粉等。面粉按加工精度可分为特制一等、特制二等、标准粉、普通粉等不同等级；接面筋度含量可分为高筋、中筋和低筋面粉，高筋面粉主要适用于制作面包，中筋面粉适合于加工馒头、面条和饺子等产品，而低筋面粉则是制作饼干和蛋糕的好原料。

21. 怎样选购面粉？

（1）看包装上是否标明厂名、厂址、生产日期、保质期、质量等级、产品标准号等内容，尽量选用标明不加增白剂的面粉。看包装封口线是否有拆开重复使用的迹象，若有则为假冒产品；

看面粉颜色，面粉的自然色泽为乳白色或略带微黄色，若颜色纯白或灰白、发暗，则为过量使用增白剂所致。应选择色泽为乳白或淡黄色，色泽正常的面粉。

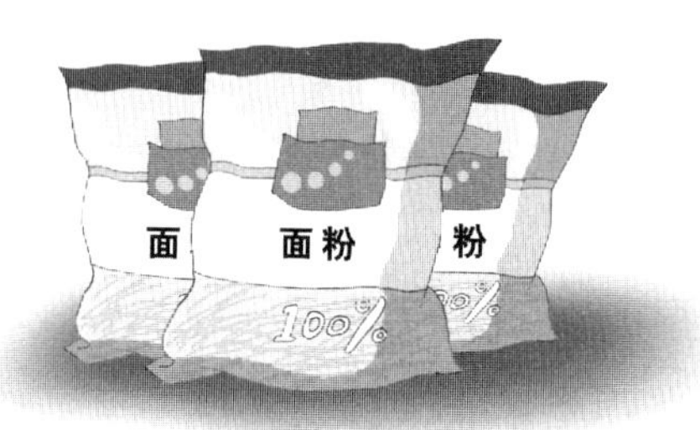

（2）闻面粉是否具有麦香味。若有异味、霉味或是酸败味，则为增白剂添加过量，或面粉超过保质期，或遭到外部环境污染，已发霉、酸败变质。

（3）捏水分。凡符合国家标准的面粉，手感细腻，粉粒均匀；劣质面粉则手感粗糙。若感觉特别光滑，也属有问题的劣质面粉。用手抓一把面粉使劲一捏，松开手后，面粉随之散开的，这是含水分标准正常的好面粉；如果面粉抱团不散开，说明水分超标。水分超标的面粉很容易在储存过程中霉变和酸败，影响面粉的品质。

（4）手捏一点干面粉放在嘴里，如果有牙碜现象，说明面粉含沙量高；如果味道发酸，判断面粉酸度高。

22. 各种食用油的营养成分如何，如何吃出健康？

判断某种植物食用油的营养价值，最主要的方面就是看它的脂肪酸组成。首先看饱和脂肪酸和不饱和脂肪酸的含量，不饱和脂肪酸含量越多，就越容易被人体消化吸收。除此之外，还要看不饱和脂肪酸里面含单不饱和脂肪酸和多不饱和脂肪酸的比例。单不饱和脂肪酸的主要功能是降低胆固醇，对身体有益。多不饱和脂肪酸含量多，容易发生氧化酸败，产生有害物质，简单地说就是不易保存，不能久放。

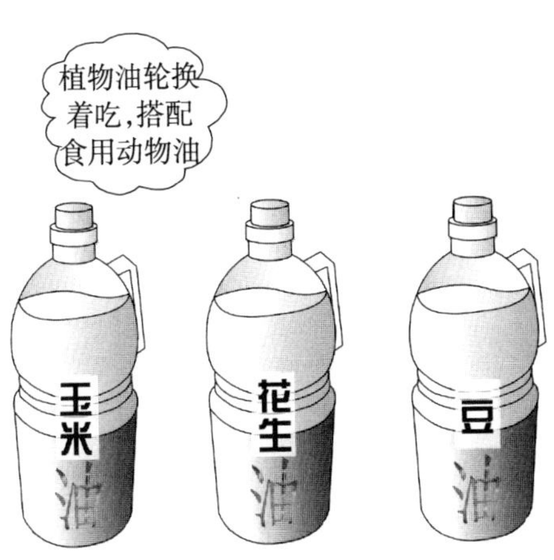

多不饱和脂肪酸里又含有人体必需的亚油酸等成分，亚油酸含量越多营养就越好。几种油依次是：菜子油16%，豆油51%，花生油38%，玉米油56%，葵花子油则高达65%～75%。专家建议，市民最好不要长期食用单一的食用油品种，轮换食用才能使营养更均衡。

同时，也要搭配食用动物油。动物油中含有对心血管有益的多烯酸、脂蛋白等，可起到改善颅内动脉营养与结构、抗高血压和预防脑中风的作用。此外，猪油等动物油作为脂质还具有构成人体饱腹感和保护皮肤与维持体温，保护和固定脏器等功能。因此，植物油和动物油应搭配或交替食用。

23. 压榨油比浸出油更安全吗?

目前，我国的食用油市场80%以上的食用油厂家都采用了浸出法；只有不到20%的食用油采用了压榨工艺。压榨油是用机械方法生产，浸出油则是加入化学溶剂生产出来的，但影响食用油优劣的因素不是采用何种制油工艺，而是源头的原料和原油的处理方法。而且采用哪种油脂制取工艺是由制油原料的不同特点决定的，跟最后产出食用油质量没有直接关系。一般来说，高含油油料采用压榨法。如菜子、芝麻、花生等含油率高的油料，为了保持油脂产品特有的香味而采用压榨法生产；而低含油油料则采用直接浸出法，如大豆等；而某些新型油料中带有特殊风味，为保持其产品不失去原有的风味，也多采取压榨法，如橄榄油等油脂的生产。与压榨法相比，浸出法残留少，充分利用了油料资源，出油率高，所以市场价格也显得很便宜，但是便宜的不代表不好。

此外，不管采取什么工艺，得到的油都只能是原油（也叫毛油），原油不可以直接食用，必须经过水洗、碱洗、脱酸、脱色、脱臭等工艺，使之成为颜色较浅、澄清的精制油，达到各级油品的标准才能上市销售。

所以无论是浸出油还是压榨油，只要符合我国食用油脂质量标准和卫生标准的，就都是安全的。

24. 重植物油、轻动物油的消费观是否科学?

在近30年的时间里，媒体大力宣传多食植物油，少吃动物油。许多消费者由此认为，吃动物油易引发冠心病、肥胖症、糖尿病等疾病，而植物油能抑制动脉血栓的形成，可以预防心肌梗塞，因此长期食用植物油，完全拒绝动物油。

然而，最近几年的实验发现，并非植物油中所有的不饱和脂肪酸都是对人体有好处，有些过量食用还会有害。而动物油中也含有对心血管有益的多烯酸、脂蛋白等，可起到改善颅内动脉营养与结构抗高血压和预防脑中风的作用。比如猪油，虽然含有过多的饱和脂肪，但也含有能够降血脂、防止胆固醇堆积的四烯酸，这一作用是植物油所没有的。此外，猪油等动物油作为脂质还具有构成人体饱腹感和保护皮肤与维持体温，保护和固定脏器等功能。因此，关于某些油脂对人体健康有益而无害，或是光有害而无益的说法都是片面的。正确的做法是植物油、动物油搭配或交替食用。既要吃植物油，也不拒绝动物油。

25. 如何防止花生、大豆、芝麻等油料农产品中黄曲霉毒素的危害?

黄曲霉毒素是由黄曲霉菌和寄生曲霉菌产生的一种代谢产物，广泛存在于花生、大豆等农产品中，是花生、大豆、芝麻等农产品影响油料质量安全的重要因素。该物质具有毒性和强致癌性，毒性相当于氰化钾的 10 倍，砒霜的 68 倍，敌敌畏的 100 倍，对人和动物的肝脏和肾脏有很大的危害。

因为黄曲霉毒素在油料农产品中分布并不均匀，主要集中在一些破损、变色、霉变、虫咬等坏花生中，且黄曲霉毒素是由黄曲霉菌和寄生曲霉菌产生，霉菌在温暖潮湿的环境中容易产生。所以在油料农产品收获后，不要将外壳搞破，因为外壳具有保护作用，可防止霉菌的侵入。并且在油料农产品收获后，应尽快将油料农产品外壳充分晾干，保存连壳油料农产品比保存果仁更好。如若保存果仁，也要充分晾干，剔出破损籽粒，并放于阴凉通风处。

（二）蔬 菜 类

26. 蔬菜中的主要污染物有哪些？

目前我国蔬菜中的主要污染物是农药残留、硝酸盐、重金属等。①农药（特别是有机磷和氨基甲酸酯类农药）是目前生产品种最多、使用量最大、也最可能引起强烈中毒反应的污染物。②蔬菜是易富集硝酸盐的植物，特别是现代农业化肥的大量施用，使蔬菜中硝酸盐含量急剧上升。③蔬菜中重金属主要来源于工业“三废”的排放及城市垃圾、污泥和含重金属的化肥、农药，有毒重金属主要指铜、锌、镉、铬，另外还有汽车尾气造成的铅污染。生物污染问题也开始引起重视，但由于我国消费者食用蔬菜绝大部分是熟食，烹调过程可以使微生物失活，只要不食用未经加热的蔬菜或在食用前充分洗净，这类污染对人体的危害基本可以避免。

27. 蔬菜中的污染物有何危害？

长期进食被农药污染的不合格蔬菜，会产生慢性农药中毒，影响人的神经功能，严重时会引起头昏多汗、全身乏力，继而出现恶心呕吐、腹痛腹泻、流涎胸闷、视力模糊、瞳孔缩小等症状。

硝酸盐本身毒性并不大，但它在人体内可被还原成亚硝酸盐，使正常的血红蛋白氧化成高铁血红蛋白，而丧失携氧能力，导致人机体内缺氧，引起高铁血红蛋白症。亚硝酸盐还可以与人肠胃中的含氮化合物结合成致癌的亚硝胺，导致消化系统癌变。通常硝酸盐积累顺序为：叶菜类＞根菜类＞葱蒜类＞瓜果类＞豆类＞茄果类。烹饪的蔬菜存放时间延长，其亚硝酸盐含量明显增加，所以建议不要食用烹饪后隔夜存放的蔬菜。

蔬菜中重金属的污染一般不会引起急性中毒反应，但其长期积累会给人类健康带来严重的潜在威胁。

28. 怎样选购污染少的蔬菜？

鉴于因农药残留而致蔬菜污染的状况，消费者应注意选购蔬菜时其外观品质要具有可采食时应有的特征，成熟适度，新鲜脆嫩，外形、色泽良好，清洁，具有蔬菜自身特有的味道，无影响食用的病虫害，无机械损伤。应避免选购表面有药斑，或有不正常、刺鼻的化学药剂味道的蔬菜。消费者应尽可能到有正规进货渠道的超市选购具有无公害蔬菜、绿色蔬菜、有机蔬菜标志的蔬菜，并注意标签上的货架期及其是否在冷藏条件下存放。具体以下几点：

（1）不买形状和颜色异常的蔬菜　形状、颜色正常的蔬菜，一般是常规方法栽培的。而异常蔬菜则可能用激素处理过，如韭菜，当它的叶子特别宽大肥厚、比一般宽叶韭菜还要宽 1 倍时，就可能在栽培过程中用过激素。未用过激素的韭菜叶较窄，吃时香味浓郁。有的蔬菜颜色不正常，也要注意，如菜叶失去平常的绿色而呈墨绿色，毛豆碧绿异常等，它们在采收前可能喷洒或浸泡过甲胺磷农药，不宜选购。

（2）不买多虫蔬菜 在众多蔬菜中，有的蔬菜容易被害虫所青睐，可以称之为多虫蔬菜；有的菜虫不大喜欢吃，可以叫做少虫蔬菜。多虫菜有茼蒿、生菜、芹菜、胡萝卜、洋葱、大蒜、韭菜、大葱、香菜等。多虫蔬菜由于害虫多，不得不经常喷药防治，势必形成农药残留；少虫蔬菜的情况则相反，为了避免过多摄入农药，平时应尽可能选吃少虫蔬菜。

（3）不买施肥量大的蔬菜 由于化学肥料特别是氮肥（如尿素、硫酸铵等）的施用量过大，会造成蔬菜的硝酸盐污染比较严重。对上市蔬菜检测后发现，硝酸盐含量由强到弱的排列是：根菜类、薯芋类、绿叶菜类、白菜类、葱蒜类、豆类、瓜类、茄果类、食用菌类，硝酸盐含量高低相差可达 10 倍。其规律是蔬菜的根、茎、叶（即营养体）的污染程度远远高于花、果、种子（即生殖体），这可能是生物界普遍存在的保护性反应。所以我们应尽可能多吃些瓜、果、豆和食用菌，如黄瓜、番茄、毛豆、香菇等。

29. 消费者如何鉴别蔬菜的质量安全？在哪里购买蔬菜是安全的？

一般来说，必须要有相应仪器设备等条件的检测机构采用规定的检测方法进行定量分析，才能准确判断蔬菜质量安全是否符合相应的标准要求。但是对一般消费者来说，每次购买蔬菜都先采用仪器检测是不现实的。在此提供一些简便的鉴别方法及购买途径。

一是正常的蔬菜没有腐败味和其他异味，菜滋味甘淡、甜酸、清爽鲜美。多数蔬菜具有新鲜的状态，如有蔫萎、干枯、损伤、变色、病变、虫害侵蚀，则为异常形态。如果消费者想选择农药使用较少的蔬菜，可以考虑多选择茼蒿、胡萝卜、洋葱、芹菜等，这类蔬菜具有特殊气味，相对来说农药的使用少一些。根据多年的测定分析结果显示，在蔬菜品种方面，瓜果类和根茎类蔬菜相比豆类和叶菜类来说，农药残留量合格率高，而叶菜类和豆类蔬菜合格率稍低一点。

二是我国近年来大力推行农产品市场准入制度，要求符合农产品质量要求的农产品方能上市出售。建议到大型批发市场、超市及大型农贸市场等地方购买。

三是在购买蔬菜时可选择较大品牌或名牌企业的产品，因为此类企业受到的市场监管程度更高，生产操作更规范。

四是建议消费者购买获得质量认证的蔬菜。目前我国食品质量认证的品牌有无公害农产品、绿色食品和有机食品。消费者在购买此类蔬菜时，除了要查看相关质量认证品牌的标识外还应查看其编号，以防假冒。

30. 购买的新鲜蔬菜应先浸泡几小时后方能食用，这种观点正确吗？

蔬菜生产中使用的农药分为水溶性和脂溶性两种，而且大多数农药都能溶于水。因此，在洗菜的过程中，浸泡几小时与流水反复冲洗多次的效果一样，均只能去除蔬菜表面附着的可溶于水的农药残留，而对蔬菜吸收的农药基本没有太大作用。而且，如果农药残留处于一个很高水平的时候，若把这些蔬菜浸泡在水中，水溶性农药残留会溶解在水中，这样就相当于把蔬菜放到了稀释的农药当中去浸泡。由于水中农药残留浓度高于蔬菜内部，这些农药会向蔬菜组织内部渗透，造成蔬菜组织内部农药残留的增高，使蔬菜污染加重，反而对身体不利。因此，不推荐把新鲜蔬菜浸泡过长时间的洗菜方法，可采用流水多次反复冲洗后再浸泡少许时间的洗菜方法。

31. 野菜都是安全蔬菜，这种观点正确吗？

近年来，随着人们崇尚“绿色消费”观念的兴起，野菜逐渐受到广大市民的青睐。不少人认为，野菜是自然生长的，没有施用过化肥、农药，应该是最安全、最“绿色”的食品。有些农贸市场的菜贩抓住市民害怕农药残留的心理，宣称“野菜一点污染也没有”，是绿色食品，不少市民也是深信不疑，纷纷购买。有些市民干脆趁春游踏青之际，到郊区的田野、农田边挖野菜。

野菜果真一点污染也没有吗？这种说法并不完全正确。如果是出自无外来污染且土壤和灌溉水均符合有关蔬菜产地环境标准要求的野生蔬菜，确是上佳的食品。但这里也应提请消费者注意的是，由于绿色植物对于大气具有净化作用，不但能吸附空气中的尘埃和固体悬浮物，而且对空气和土壤中的有害气体、化学成分具有过滤作用。如果这些野菜生长在污染地带，受污染就是很自然的事，并且污染物还较难清洗干净。如果食用了被污染的野菜，会对身体造成危害，严重的还会引起食物中毒。另外某些生长在纯天然环境中，附近没有污染源，周围没有农作物施用农药的野菜，也可能因为有些土壤本身由于成土母质的关系而含有某种重金属，而部分野菜对环境中的重金属有富集作用，这些野菜中的重金属含量往往超过正常蔬菜水平的数倍甚至更高，而长期食用这类蔬菜可能导致重金属会在人体内富集，危害人体健康。

32. 家庭中清除蔬菜瓜果上残留农药的简易方法有哪些？

流水冲洗加浸泡法：蔬菜污染的农药品种主要为有机磷类杀虫剂，有机磷杀虫剂难溶于水，此种方法仅能除去部分污染的农药。但水洗是清除蔬菜水果上其他污物和去除残留农药的基础方法，主要用于叶类蔬菜，如菠菜、金针菜、韭菜花、生菜、小白菜等。一般先用水反复冲洗掉表面污物，然后用清水浸泡 15 分钟后再用流水冲洗两三遍。果蔬清洗剂可增加农药的溶出，所以冲洗时可加入少量果蔬清洗剂。

流水冲洗加碱水浸泡法：有机磷杀虫剂在碱性环境下分解迅速，所以此方法是去除农药污染的有效措施。可用于各类蔬菜瓜果。方法是先将表面污物冲洗干净，浸泡到碱水中（一般 500 毫升水中加入碱面 5～10 克）5～15 分钟，然后用清水冲洗 3～5 遍。

去皮法：蔬菜瓜果表面农药量相对较多，所以削去皮是一种较好的去除残留农药的方法。可用于苹果、梨、猕猴桃、黄瓜、胡萝卜、冬瓜、南瓜、西葫芦、茄子、萝卜等。

储存法：农药在存放过程中随时间能够缓慢地分解为对人体无害的物质。所以对易于保存的瓜果蔬菜可通过一定时间的存放，减少农药残留量。适用于南瓜、冬瓜等不易腐烂的种类。同时建议不要立即食用新采摘的未削皮的果菜。

加热法：氨基甲酸酯类杀虫剂随着温度升高，可加快分解。所以对一些其他方法难以处理的蔬菜瓜果可通过加热去除部分农药。常用于芹菜、菠菜、小白菜、圆白菜、青椒、菜花、豆角等。先用清水将表面污物洗净，放入沸水中 2～5 分钟捞出，然后用清水洗一二遍。

33. 什么是蚕豆病?

蚕豆病是葡萄糖六磷酸脱氢酶缺乏者进食蚕豆或蚕豆芽后发生的急性溶血性贫血。本病与遗传有关，90%为男性，多见于儿童，特别是 5 岁以下儿童。起病急，常在吃蚕豆后几小时至几天内突然发病，表现为头昏、心慌、乏力、食欲不振、腹泻、发热、黄疸及贫血等症状。严重者可有昏迷、抽搐、血红蛋白尿，甚至休克，偶然可以致死。症状轻重与吃蚕豆的多少无关。

34. 土豆发芽能吃吗?

土豆经过一个时期的贮存，在一定的温度等条件下，顶芽及腋芽很容易萌发。发芽时，在出芽的部位产生许多酶，经过这些酶的作用，块茎中贮存的物质便被分解，然后转变为供应芽生长的物质。在这个物质转化过程中，产生一种叫做“龙葵精”的毒素，这种毒素进入人体，人就会出现恶心、呕吐、头晕和腹泻等中毒症状，严重时还会造成呼吸器官麻痹而死亡。

那么，发了芽的土豆是不是就不能吃了呢？人们经过反复试验证明：当土豆的芽生长不大，又经过一定的处理以后还是可以吃的。因为毒素是由于芽的萌发而形成的，所以毒素的累积以芽眼为中心，当芽还小的时候，毒素还没有扩散开，只要将芽及芽眼挖掉一块就行了。芽稍大些的土豆，毒素已经扩散，而扩散的部位首先是皮层，所以对这种土豆，除了在芽眼部位挖去一块外，还应在其附近削去一块。另外，各个芽并不是同时萌发的，一般是顶芽首先萌发，靠近顶芽的腋芽次之，其他部位的芽萌发较晚。如果顶部的芽长得较大，其他的芽还没有萌发，将顶部切除即可。

发芽的土豆虽经上述处理，仍会残留一部分毒素，所以还应在水中多泡一些时间，使毒素再溶解掉一部分，加热时再多煮一会儿。这样处理后一般就不会发生中毒了。如果芽长得太大，那就不能吃。削下来的东西如果用来喂牲畜，也必须经水浸泡和水煮，否则牲畜吃了也会中毒。

35. 如何预防四季豆中毒？

四季豆又名刀豆、芸豆、扁豆等，是人们普遍食用的蔬菜。生的四季豆中含皂甙和红细胞凝集素，由于皂甙对人体消化道具有强烈的刺激性，可引起出血性炎症，并对红细胞有溶解作用。

此外，豆粒中还含红细胞凝集素，具有红细胞凝集作用。如果烹调时加热不彻底，豆类的毒素成分未被破坏，食用后会引起中毒。

四季豆中毒的症状：四季豆中毒的发病潜伏期为数十分钟至十数小时，一般不超过 5 小时。主要为恶心、呕吐、腹痛、腹泻等胃肠炎症状，同时伴有头痛、头晕、出冷汗等神经系统症状。有时四肢麻木、胃烧灼感、心慌和背痛等。病程一般为数小时或 1～2 天，预后良好。若中毒较深，则需送医院治疗。

四季豆中毒的原因：四季豆中毒多发生在集体饭堂，主要原因是锅小加工量大，翻炒不均，受热不匀，不易把四季豆烧透焖熟；有的厨师喜欢把四季豆先在开水中焯一下然后再用油炒，误认为两次加热就保险了，实际上哪一次加热都不彻底，最后还是没把毒素破坏掉；有的厨师贪图四季豆颜色好看，没有把四季豆加热透。

如何预防四季豆中毒：家庭预防四季豆中毒的方法非常简单，只要把全部四季豆煮熟焖透就可以了。每一锅的量不应超过锅容量的一半，用油炒过后，加适量的水，加上锅盖焖 10 分钟左右，并用铲子不断地翻动四季豆，使它受热均匀。另外，还要注意不买、不吃老四季豆，把四季豆两头和豆荚摘掉，因为这些部位含毒素较多。使四季豆外观失去原有的生绿色，吃起来没有豆腥味，就不会中毒。

36. 如何正确食用绿叶菜?

绿叶菜是一类主要以鲜嫩的绿叶、叶柄和嫩茎为产品的速生蔬菜。由于生长期短，采收灵活，栽培十分广泛，品种繁多，我国栽培的绿叶菜有 10 多个科 30 多个种。北方地区栽培比较普遍的有菠菜、叶慕菜、芹菜、芫荽、茴香、油菜、荠菜、莴苣、茼蒿、苋菜、蕹菜等。南方地区落葵、番杏种植也比较普遍。

绿叶菜的正确吃法应该是先洗后切，如果先切后洗，蔬菜切断面溢出的维生素 C 会溶于水而流失。切好的菜也要迅速烹调，放置稍久也易导致维生素 C 氧化。其次是急火快炒，否则维生素 C 会因加热过久而严重破坏。可用淀粉勾芡，烹调中加少量淀粉，能增加鲜嫩，而淀粉还有保护维生素 C 的作用。切记不要加醋，对非绿色蔬菜，可加少量醋，有保持维生素 C 相对稳定的作用；但对绿叶蔬菜，酸性环境会破坏叶绿素，使菜叶变黄或褐色，并降低食用价值。

37. 如何正确选购莲藕?

莲藕以藕身肥大，肉质脆嫩，水分多而甜，带有清香的为佳。同时，藕身应无伤、不烂、不变色、无锈斑、不干缩、不断节；藕身外附有一层薄泥保护。

红花藕与白花藕的区分：一般来说，红花藕外皮为褐黄色，体形又短又粗，生藕吃起来味道苦涩；白花藕则外皮光滑，呈银白色，体形长而细，生藕吃起来甜。通常炖排骨藕汤用红花藕，清炒藕片用白花藕。另外，还有一种品质一般的麻花藕，外表粗糙，呈粉色，含淀粉较多。

38. 购买和食用野生食用菌应注意哪些方面?

野生食用菌以其美味、营养、纯天然深受消费者喜爱。常见的野生食用菌有鸡枞、松茸、牛肝菌、干巴菌、青头菌、奶浆菌、红菇等几十个品种。

购买和食用野生食用菌面临着两个问题：一是品质问题，即以人工栽培的食用菌冒充野生食用菌；二是野生食用菌的食用安全问题，即毒菇问题。

对野生食用菌罐头而言，消费者只要选择大型超市和商场、大型批发市场的正规厂商生产的产品，其安全和品质还是有保证的。

对野生食用菌干鲜品而言，情况就比较复杂。目前我国食用菌的市场准入机制还未建立，市场上出售的野生菇存在多品种甚至有毒品种混杂的现象。因为许多食用菌与毒菌非常相似，到目前为止，没有简单的识别方法，不能仅凭经验来鉴别，认为颜色鲜艳的就有毒的观点并不可靠，一些颜色鲜艳的野生菌如橙盖鹅膏却是美味的可食用菇。不过，消费者尽量不要食用有下述特征的野生菌：如菌盖比较黏滑、菌柄上常有菌环，闻起来有土豆或萝卜味、其菌杆分泌物稠浓，呈赤褐色的野生菌。

消费者尽量不要购买路边小贩自行采摘销售的野生食用菌干鲜品，尽量不要食用不明菌菇。在食用野生菌的浸泡过程中，仔细挑除形态有异于产品所标识菌菇的掺杂菌。最后很重要的一点就是，不同的毒菇有不同的中毒症状，有的潜伏期可达一两天，出现如急性恶心、呕吐、腹泻、头痛、精神异常、痉挛、视力模糊等症状。若出现以上症状，均应及时到医院就诊，就诊时最好能提供已食菌菇的样本。

39. 如何选择和食用白色食用菌？

随着食用菌产业的发展，市场上的白色食用菌品种日益丰富。目前，市面上的白色食用菌干品主要有银耳、竹荪；鲜品主要以双孢蘑菇、白灵菇、海鲜菇、白金针菇、白蟹味菇、鸡腿菇、猴头菇等品种为主。

消费者在购买干品白色食用菌时应注意以下两点：①应选择干燥，无潮湿感、朵形完整的产品。好的银耳和竹荪颜色都是很自然的淡黄色，根部的颜色略深（即使生长时为雪白的通江银耳在烘干后也变成淡黄色），因此市民不要购买雪白漂亮的银耳和竹荪。②优质银耳和竹荪无异味，竹荪有自然芳香味。购买时可将包装塑料袋开一个小孔，闻是否有刺鼻的味道。浅尝，若对舌有刺激或辣的感觉，很可能二氧化硫残留量较多。若能闻出酸味或其他异味，表明产品已受潮发霉变质。

二氧化硫易溶于水，消费者在烹调前可以先将银耳和竹荪浸泡 3～4 小时，期间每隔 1 小时换一次水；烧煮时，时间应尽量长些。一般而言，经过这样的浸泡、洗涤、烧煮之后，可以大大减少残留的二氧化硫。

白色鲜品食用菌极易由白色变为褐色或棕褐色。因此上市后的白色食用菌颜色并不鲜亮是正常现象，也并不表明该产品已不够新鲜。有的不法厂商用荧光增白剂处理可使食用菌增白、色泽异常鲜亮，同时延长保鲜期，而荧光增白剂是一种不允许在食品中使用的化工原料，消费者应警惕表面过于光滑，色泽过于鲜亮、闻着有异味的白色食用菌。白色鲜品食用菌购买后应及时食用，多余的应扎紧包装保存在冰箱中，一般可保存一周左右。

40. 如何选购和保藏新鲜草菇?

草菇属夏季高温菇，味道鲜美可口，营养丰富，具有较高的营养价值。不论凉拌、清炒、炖汤均可。中医认为，草菇性寒、味甘、有消暑去热之功和发乳肥孩、护肝健胃及解毒之功效。

(1) 选购方法 选购草菇应注意：草菇颜色有鼠灰（褐）色和白色两种类型，应选择无表面发黄的草菇；形态上看，应选择新鲜幼嫩，螺旋形，硬质，菇体完整，不开伞，不松身，无霉烂，无破裂，无机械伤的草菇。最后，再看有无异味，病虫，死菇，发黏，萎缩，变质等现象；不带泥沙等杂物。

(2) 贮存方法

①草菇是高温食用菌，新鲜草菇不允许直接放入冰箱保存，否则会自溶变成水。

②鲜草菇在 14～16℃条件下可保存 1～2 天。

③淡盐水保存法：首先，把新鲜草菇削根洗净后待用（可根据需要草菇是否要切开），再在锅里倒入自来水，待锅里的水烧开后放入准备好的草菇，放入一点盐，待水沸腾 2～3 分钟即可，捞起降温（可以用凉开水或自然降温都可），这样可以放入冰箱，保存 5 天左右。

④植物油扁炒法：把新鲜草菇削根洗净后（可根据需要草菇是否要切开），倒入热油锅中扁炒至熟即可，降温放入冰箱保存 5 天左右。

41. 如何选购灵芝破壁孢子粉?

灵芝孢子粉是灵芝将要成熟时释放出来的孢子，收集的孢子粉经烘干和300目过筛。为使灵芝孢子粉的有效成分更被人体吸收，市售灵芝孢子粉均经过冷冻、气流或物理粉碎等方法破壁。灵芝破壁孢子粉服用方便，作为保健品，近年来在市场上销售良好。

消费者在购买灵芝孢子粉的时候应注意以下几点：

（1）感官检验。正常的灵芝破壁孢子粉呈粉末状，棕褐色或深棕色、质轻，用手捻有光滑感。取少许用舌头舔，应有灵芝特有的香味，无明显的苦味，咀嚼应无泥沙感，无油哈味和异味；若有明显苦味，可能混有灵芝粉；若有泥沙感，说明产品不纯；若有油哈味或异味，说明该产品已氧化变质，不可食用。

（2）在购买灵芝破壁孢子粉前，最好要看产品是否有省级以上质量检验单位出具的近期检测报告正本。消费者可重点关注破壁率、灵芝酸含量、多糖含量、重金属和农药残留含量等指标。一般而言，应选择破壁率在90%以上、灵芝酸和多糖含量相对较高、重金属和农药残留指标合格的灵芝破壁孢子粉。

42. 什么是蔬菜干制品？蔬菜干制品容易出现什么质量安全问题?

蔬菜干制品包括所有以蔬菜为主要原料进行选剔、清洗、粉碎、调理等预处理，采用自然风干、晒干、热风干燥、低温冷冻干燥、油炸脱水等工艺除去其所含大部分水分，添加或不添加辅料制成的产品或以蔬菜干制品为原料经过混合、粉碎、调理等工序制成的产品。包括自然干制蔬菜、热风干燥蔬菜、冷冻干燥蔬菜、蔬菜脆片、蔬菜粉及制品等5个小类。

蔬菜干制品质量安全主要控制关键点为：一是原料选择；二是原料清洗；三是干燥；四是包装。

蔬菜干制品容易出现以下质量安全问题：一是超限量、超范围使用食品添加剂；二是重金属含量超标；三是水分超标；四是微生物超标；五是农药残留超标；六是含有虫卵及夹杂物。

43. 如何鉴别黄花菜质量？如何正确食用黄花菜？

黄花菜又名金针菜、安神菜等，分布较广，营养丰富，富含蛋白质、脂肪、钙、磷、铁及多种维生素。

黄花菜颜色是金黄色或棕黄色，而经过硫黄熏制后的黄花菜是嫩黄色，比正常的黄花菜颜色淡；正常的黄花菜颜色均匀，而熏制过的黄花菜颜色不均匀；用鼻子闻，正常的黄花菜应该具有黄花菜自身的香味，没有其他的气味，而熏制过的黄花菜有刺激性气味。

优劣质黄花菜区别：优质黄花菜菜色黄亮，身长粗壮，紧握手感柔软有弹性，松开后很快散开，有清香味，无花蒂未开花；劣质黄花菜黄褐无光泽，短瘦弯曲，长短不匀，紧握质地坚硬易折断，松开后不能很快散开，若有粘手感表明已霉烂，有霉味或烟味。

人们在市场购买的黄花菜是已经晒干或经其他方法加工而成的干黄花菜，但是目前市场上销售的干黄花菜部分产品二氧化硫超标，如何正确食用黄花菜是消费者应该知道的首要问题，这样既可以食用集美味药用于一体的黄花菜，又不用担心对身心健康造成任何损害。

干黄花菜分为FD黄花菜、原干黄花菜、脱水黄花菜、药菜。消费者在选购黄花菜时尽量选用FD黄花菜、原干黄花菜及脱水黄花菜。FD黄花菜是用真空冷冻干燥法生产的干黄花菜，这类黄花菜最大程度地保存了新鲜黄花菜的营养成分，产品加工过程没有任何污染，消费者可直接放心食用。药菜色泽金黄，但仔细闻起来有一股刺鼻气味，消费者尽量不要购买。

在食用黄花菜时应注意先用冷水浸泡20分钟左右，在烹调时多热炒或煲几分钟，如能在炒或煲汤前加几滴醋，则基本上就高枕无忧了，因为即使略有二氧化硫残留超标，在酸性条件下也会将其分解，消费者就可放心食用了。万一不慎买到加药黄花菜，则需反复漂洗几下，多换几次清水烹调，炒或煲时再加几滴醋也可帮助去除二氧化硫残留，消费者只要不经常食用药菜，对身体也不会造成大的危害。

44. 如何鉴别笋干质量优劣？

笋干又名笋，是由新鲜的竹笋经煮熟、晾干、压肩，渍以石灰水，成形为产品。上等笋干肉质肥厚、色泽金黄、笋花明显。

笋干质量优劣鉴别，首先看色泽，如呈黄白色或棕黄色，具有光泽的为上品，色泽暗黄的为中品，色泽酱褐的为下品。其次看笋体，短粗，体态肥厚，笋节紧密，纹路浅细，质地嫩脆，长度在30厘米以下的为上品。长度超过30厘米，根部显得大而老，纤维多而粗，笋节亦长，质地就老。当笋干含水量在14%

以下，手握笋干折之即断，并有响声说明湿度适中，如果折而不断，或折断无脆声说明笋干水分大。有些笋干由于水分较大，在存放期间，容易长出大片白霉，有的有虫蛀洞眼，品质较差。

45. 如何选购腐竹？

腐竹是以优质大豆为原料，经精选、脱皮、半脱脂、超微粉碎和组织化等一系列工序制成的食品。在选购腐竹产品时应注意以下几点：

一是到规模较大的超市、商店或正规农贸市场购买，并仔细查看产品的标签、生产日期、保质期、厂名和厂址等信息，如没有或过期则不要购买。

二是从色泽看。腐竹是用黄豆制成的，好的腐竹呈淡黄色，略有光泽；劣质腐竹则是颜色黄中发白，色泽光亮，或呈灰黄色、黄褐色，色彩过暗。

三是从外观看，也可折断再仔细观察。好的腐竹为枝条或片叶状，质脆易折，条状折断有空心，无霉斑、杂质、虫蛀；劣质腐竹有较多折断的枝条或碎块，有较多实心条，有霉斑、虫蛀、杂质。

四是从气味来说。优质腐竹具有腐竹固有的香味，无其他任何异味；劣质腐竹有霉味、酸臭味、刺鼻的不良气味及其他外来气味。

46. 为什么腐竹生产中严禁使用“吊白块”？

“吊白块”是甲醛次硫酸氢钠的俗称，是一种不允许用于食品添加的化工染料，经加热后可分解成甲醛和二氧化硫，具有防腐和漂白增色的效果。在腐竹生产加工过程中使用“吊白块”，产品颜色黄中发白，色泽光亮且耐腐，煮食时富有韧性，口感较好，容易吸引消费者购买。因此，一些企业为贪图经济利益在腐竹生产中违法加入“吊白块”。

人超量食用含“吊白块”腐竹后会损坏肾脏、肝脏，严重的会导致癌变和畸形病变；“吊白块”产生的甲醛对人体中枢神经系统有毒性作用，并能刺激肺部引起中毒性肺水肿，从而危害消费者的饮食安全和身体健康。卫生部《关于禁止在食品中使用非食品添加剂的紧急通知》和《食品添加剂使用卫生标准》中，均规定严禁在食品中添加。

47. 如何识别优劣豆腐皮？豆腐皮加工为什么会用二氧化硫？二氧化硫超标有什么危害？

豆腐皮应微黄均匀，片状，表面细腻，薄厚均匀，有弹性，不发黏，无杂质。若辨真假，可弄湿摊开，若见深黄小点，是涂有黄颜料；折叠微压，有明显压痕或断裂的，就可能掺假。豆腐皮目前发现的问题主要是违规添加使用了漂白剂亚硫酸盐等二氧化硫类物质。

硫黄、二氧化硫、亚硫酸钠、焦亚硫酸钠和低亚硫酸钠等含二氧化硫类的物质，是食品工业中常用的食品添加剂（其在食品中的残留量用二氧化硫计算），因为二氧化硫类物质通过生成亚硫酸而形成的二氧化硫对食品有漂白和防腐作用，使食品保持鲜艳色泽，还可抑制食品中的氧化酶，防止食品褐变。由于其还原作用，还可阻断微生物的正常生理氧化过程，抑制微生物繁殖，从而起到防腐作用。国家标准GB2760《食品添加剂使用卫生标准》中只规定了干菜、黄花菜等干制品中可以使用该类物质，但因其护色防腐效果，部分厂家在豆腐皮加工过程中存在违规添加二氧化硫类物质现象。

人们食用含有二氧化硫的食物后，二氧化硫进入体内会生成亚硫酸盐，并由组织细胞中的亚硫酸氧化酶将其氧化为硫酸盐，通过正常解毒后最终由尿排出体外，因此少量的二氧化硫进入机体可以认为是安全无害的。但如果在食品加工过程中没有掌握好二氧化硫类物质的使用量，超量使用二氧化硫类添加剂，就有可能造成食品中二氧化硫的残留量超过国家标准，从而对人体健康造成不良影响。经口摄入二氧化硫的主要毒性表现为胃肠道反应，如恶心、呕吐，同时还会影响钙吸收，促进机体钙丢失。

（三）水 果 类

48. 如何科学食用水果？

（1）食用前浸泡清洗　要尽可能将水果清洗干净，通过表面清洗能有效减少农药残留。可以选择水果专用洗涤剂或添加少量的食用碱浸泡，然后用清水冲洗数次。

（2）食用前要削皮　农药残留主要集中在水果的表皮，由于很多农药不溶于水，简单浸泡还不能解决，削皮以去除水果表皮中的农药残留。

（3）饭后不能立即吃水果　宜在饭后两小时或饭前1小时

吃；吃水果后要漱口，否则易造成龋齿；短时间内也不能吃过多水果，否则会很伤身体的。

49. 部分腐烂水果在削去腐烂部分后可以食用吗？

水果表皮受到损伤或保存不当，一些病原菌会侵入果品，从内或从外造成果品腐败。发病初期，只是局部的病斑，很快以病斑为中心，向四周腐烂，最后全部烂掉。当发生局部腐烂时，有人不舍得完全丢弃，用小刀将腐烂部分削掉后，仍然食用。街头一些不法小贩，将已部分腐败的西瓜、哈密瓜、菠萝，切掉坏的部分后，切块卖给顾客。有人认为，已经将坏的部分去掉了，吃余下好的部分不会影响健康。这种看法是非常错误的。病原微生物侵入果品造成局部溃烂，肉眼很容易看到。而在腐败过程中产生的有害、有毒物质，肉眼是看不到的。这些有害、有毒物质会侵染尚未发生病变的果肉，食用后对健康造成不利的影响。特别严重的是，有些真菌毒素具有致癌作用，所以尽管是已经剔除了腐烂部分的水果，剩下的仍然不可以食用。

50. 菠萝在食用时应该注意什么问题？

菠萝，又名凤梨，属凤梨科，是人们喜爱的热带水果。但由于新鲜菠萝中含有菠萝蛋白酶、甙类等化学物质，食用不当容易使人出现头晕、腹痛、呕吐、口舌发麻等症状，严重的甚至可能出现呼吸困难、休克。因此，菠萝食用前一定要削净果皮、鳞目须毛及果丁，果肉切片或块后，一定要在盐水里浸泡半小时左右，再用凉开水洗去咸味，这样就能去除过敏源。

51. 芒果在食用时应注意什么问题？

芒果树属于漆树科，果中含有果酸、氨基酸、各种蛋白质等刺激皮肤的物质，另外，不完全成熟的芒果中还有醛酸，会对皮肤黏膜产生刺激从而引起过敏。芒果过敏者在食用或接触芒果后会引起“芒果皮炎”，其症状是嘴边常常会出现红、肿、痒，甚至是起小皮疹，还有人嘴唇发麻、喉咙痒；症状比较严重的嘴唇、口周、耳朵、颈部出现大片红斑，甚至有轻微水肿，还伴有腹痛、腹泻等。“芒果皮炎”与芒果的品种及成熟度有关，因此并非每天吃芒果都会发生皮炎，也不乏接触芒果皮等而引发皮肤病的患者。所以漆树过敏者应慎用芒果，以防人体出现过敏反应。

52. 杨梅在食用时应注意什么问题？

由于杨梅的养分很高，且没有外皮，所以特别容易招各种各样的虫子，一般是麦蛾科鳞翅目的昆虫在杨梅还没成熟时，就生长在杨梅的果核外。这种果树虫的危害性不大，目前还没有临床证明它有毒性，人们可放心食用。所以消费者在购买杨梅后最好不要放置冰箱内，低温会导致虫子死亡，而死了的虫子就是放到盐水里也泡不出来了。这种虫子肉眼看不出来，用清水泡也泡不出来，只能用盐水把虫子给逼出来。买新鲜杨梅回家后，应及早放到较高浓度的盐水中浸泡 5～10 分钟。

53. 菠萝蜜在食用时应注意什么问题？

菠萝蜜虽然味道鲜美，但是不可与蜂蜜一起食用。蜂蜜与菠萝蜜本是两种很安全的食品，对人体并没有伤害。但是菠萝蜜水分少，糖分很多，口感非常甜，吃一点就容易感觉饱，而这种糖分高的食物通常是不好消化的。当和蜂蜜一起被同时吃下，蜂蜜与菠萝蜜的分子结构就发生了变化，并会不断地产生气体，加重了胃肠的负担，造成饱腹、胀气等症状，进而还会引起腹泻，而人的胃是根本承受不了这样无限期的膨胀，严重者可导致腹胀而死。因此，爱吃菠萝蜜的朋友需切记，菠萝蜜不可与蜂蜜混食。另外，因为菠萝蜜含糖很高，糖尿病人是不能吃菠萝蜜的。并且，菠萝蜜切开的时候，会从果皮、果肉流出大量白色胶体，刺激皮肤产生瘙痒。容易皮肤过敏的人最好不要去切，先少量品尝，确定不会过敏再进食。

54. 橙子在食用时应注意什么问题？

橙子又名“黄果”、“金环”，为芸香科植物香橙的果实，原产于中国东南部，是世界四大名果之一。橙子分甜橙和酸橙，酸橙又称缸橙，味酸带苦，不宜食用，多用于制取果汁，很少鲜食。鲜食以甜橙为主。中国甜橙品种很多。甜橙果实为球形，上下稍扁平，表面滑泽，未成熟前色青，成熟后变成黄色果肉酸甜适度，汁多，富有香气，是人们喜欢吃的水果之一。

橙子中含量丰富的维生素 C，能增加机体抵抗力，增加毛细血管的弹性，降低血中胆固醇。高血脂症、高血压、动脉硬化者常食橙子有益。橙子所含纤维素和果胶物质，可促进肠道蠕动，有利于清肠通便，排除体内有害物质。橙皮性味甘苦而温，止咳化痰功效胜过陈皮，是治疗感冒咳嗽、食欲不振、胸腹胀痛的良药。但是糖尿病患者忌食。一天一个即可，最多不超过 5 个，且忌与槟榔同食。饭前或空腹时不宜食用，否则橙子所含的有机酸会刺激胃黏膜，对胃不利。吃橙子前后 1 小时内不要喝牛奶，因为牛奶中的蛋白质遇到果酸会凝固，影响消化吸收。橙子味美但不要吃得过多。吃完橙子应及时刷牙漱口，以免对口腔牙齿有害。不要用橙皮泡水饮用，因为橙皮上一般都会有保鲜剂，很难用水洗净。

55. 樱桃在食用时应注意什么问题？

樱桃营养丰富，所含蛋白质、糖、磷、胡萝卜素、维生素 C 等均比苹果、梨高，尤其含铁量高，一般人群均可食用，消化不良者、瘫痪、风湿腰腿痛者、体质虚弱、面色无华者适宜食用。但樱桃性温热，热性病及虚热咳嗽者忌食；樱桃核仁含氰甙，水解后产生氢氰酸，药用时应小心中毒。有溃疡症状者、上火者、慎食；糖尿病者忌食。樱桃含钾量高却是不可轻视的，每 100 克含钾 258 毫克，肾病患者要慎用。

56. 山竹在食用时应注意什么问题？

山竹原名莽吉柿，原产于东南亚，一般种植 10 年才开始结果，对环境要求非常严格，因此是名副其实的绿色水果，与榴莲齐名，号称“果中皇后”。山竹果肉含可溶性固形物16.8%，柠檬酸0.63%，还含有维生素B_1、维生素B_2、维生素C_4和矿物质，具有降燥、清凉解热的作用，因此，山竹不仅味美，而且还有降火的功效，能克榴莲之燥热。在泰国，人们将榴莲、山竹视“夫妻果”。如果吃了过多榴莲上了火，吃上几个山竹就能缓解。另外，山竹含有丰富的蛋白质和脂类，对机体有很好的补养作用，对体弱、营养不良、病后都有很好的调养作用。一般人都可食用。体弱、病后的人更适合，虽然一般人都可食用山竹，但每天吃3个足矣。因含糖分较高，肥胖者宜少吃，糖尿病者更应忌食。它亦含较高钾质，故肾病及心脏病人应少吃。

山竹富含纤维素，在肠胃中会吸水膨胀，过多食用反而会引起便秘。另外，山竹属寒性水果，所以体质虚寒者少吃尚可，多吃不宜，切勿和西瓜、豆浆、啤酒、白菜、盖菜、苦瓜、冬瓜荷叶汤等寒凉食物同吃，若不慎吃过量，可用红糖煮姜茶解之。

57. 如何选购榴莲？

购买榴莲时，应选择外形多丘陵状、果形完整端正、果皮呈深咖啡色且味道浓烈的果实，如果摇晃起来感觉有物，便是上品。千万不要以为越重越好，其实比较轻的榴莲往往核小，但不要选择颜色看起来发青的榴莲。买回家的榴莲应用报纸严密包裹起来，免得它的刺扎伤小孩。榴莲具有后熟作用，应将其放在阴凉处保存，成熟后的果实会裂开，这时可将果肉取出，放入保鲜袋后于冰箱里保存，冰镇后会具有雪糕的口感。如果果肉变馊则说明榴莲已变质，不宜继续食用。未开口的榴莲，不成熟的有一股青草味，成熟的散发出榴莲固有的香气。当购买未成熟的榴莲，回家用报纸包住，点燃报纸，待燃完后再另用报纸包好，放在温暖处，一两天后能闻到香味证明已经成熟，想吃时提起来在地上轻摔，摔出裂口，从裂口处撬开即可食用。

58. 榴莲在食用时应注意什么问题?

如不慎榴莲吃过量，以致热痰内困，呼吸困难、面红、胃胀，应立即吃几个山竹化解，因为山竹属至寒之物，可克制榴莲之热。也可用榴莲皮加盐水煎服。榴莲虽富含纤维素，但它在肠胃中会吸水膨胀，过多食用反而会阻塞肠道，引起便秘。榴莲不可与酒一起食用：因为酒与榴莲皆属热燥之物，如糖尿病患者两者同吃，会导致血管阻塞，严重的会有爆血管、中风情况出现，不宜食用。热气体质、喉痛咳嗽、患感冒、阴虚体质、气管敏感者吃榴莲会令病情恶化，对身体无益，不宜食用。榴莲含有的热量及糖分较高，因此肥胖人士宜少食。榴莲含有较高钾质，故肾病及心脏病人宜少食。榴莲一次不宜多吃，若闻到已熟的榴莲带有酒精味，则表示已变质不能吃。此外，在吃完榴莲后多喝些水，或多吃些含水分比较多的水果，也能解除燥热，其中梨、西瓜就是很好的选择。

59. 什么样的香蕉是可以安全食用的?

目前市场上销售的香蕉基本都是安全的，包括用乙烯或乙烯利催熟的香蕉和患“巴拿马病”的香蕉。

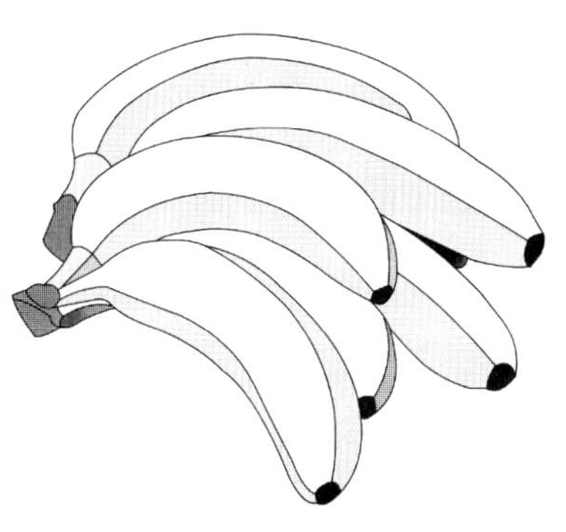

香蕉的催熟过程是一种复杂的生理生化反应过程，不会产生有危害的成分和物质，催熟香蕉可以放心食用。国际上盛产香蕉的国家如厄瓜多尔、哥斯达黎加、菲律宾等国，其产品基本销往美国、欧洲和日本等地，香蕉准备上市销售之前，必须按每天的销售量分批采用乙烯或乙烯利来进行催熟，尚没有发生过因为香蕉催熟而不符合欧美和日本等地卫生标准的现象。

部分媒体报道称香蕉“巴拿马病”是癌症，也是香蕉世界的SARS，不少消费者误解为吃了香蕉易患癌症；还有媒体报道香蕉是“毒水果”，导致了消费者的恐慌。实际上香蕉“巴拿马病”学名为香蕉枯萎病，是由镰刀菌感染而引起的植物病害，最早于1874年在澳大利亚被发现。该病对香蕉产业造成了较大危害，但成熟的果实是不带菌的，消费者可放心食用香蕉。

（四）肉蛋奶类

60. 如何通过感官检验辨别畜禽肉的新鲜度？

畜禽肉在保藏时，可能会发生自溶，甚至腐败变质，在这些变化过程中，由于组织成分的分解，使肉的感官性状发生令人难以接受的改变，如强酸味、臭味、异常色泽、黏液的形成、组织结构的崩解等。因此，可以借助人的嗅觉、视觉、触觉、味觉来鉴定肉的卫生质量。现简要介绍几种肉的感官标准。

项目	鲜猪肉	鲜牛肉、羊肉、兔肉	鲜禽产品
色泽	肌肉有光泽，红色均匀、脂肪乳白色	肌肉有光泽，红色均匀、脂肪洁白或淡黄色	表皮和肌肉切面有光泽，具有禽种固有色泽
组织状态	纤维清晰，有坚韧性，指压后凹陷立即恢复	纤维清晰，有坚韧性	肌肉有弹性，指压后凹陷立即恢复
黏度	外表湿润，不黏手	外表微干或湿润，不黏手，切面湿润	/
气味	具有鲜猪肉固有的气味，无异味	具有鲜牛肉、羊肉、兔肉固有的气味，无臭味，无异味	具有禽种固有的气味，无异味
煮沸后肉汤	澄清透明，脂肪团聚于表面	澄清透明，脂肪团聚于表面，具特有香味	/

61. 如何鉴别注水肉？

注水肉是指临宰前向畜禽等动物活体内，或屠宰加工过程中向屠体及肌肉内注水后的肉。注水肉不仅侵害了消费者的经济利益，而且还严重地影响了肉品的卫生质量，是一种违法行为，凡注水肉，不论注入的水质如何，不论掺入何种物质，均予以没收，做无害化处理。

可通过视检辨别注水肉：

（1）肌肉 凡注过水的新鲜肉或冻肉，在放肉的场地上把肉移开，下面显得特别潮湿，甚至积水，将肉吊挂起来会往下滴水。注水肉看上去柔嫩而发胀，表面湿润，不具有正常猪肉的鲜红色和弹性，而呈暗淡红色，肉表面光亮。

（2）皮下脂肪及板油 正常猪肉的皮下脂肪和板油质地洁白，而注水肉的皮下脂肪和板油轻度充血、呈粉红色，新鲜切面的小血管有血水流出。

（3）心脏 正常猪心冠脂肪洁白，而注水猪的心冠脂肪充血，心血管怒张，有时在心尖部可找到注水口，心脏切面可见心肌纤维肿胀，挤压有水流出。

（4）肝脏 经心脏或大动脉注水后，肝脏严重淤血、肿胀，边缘增厚，呈暗褐色，切面有鲜红色水流出。

62. 如何鉴别母猪肉？

一般来说，母猪肉，其色泽较深，呈深红色，肌纤维较粗，肌间夹杂的脂肪少；皮肤比较粗糙，松弛而缺乏弹性，多皱襞，且较厚，毛孔粗，皮肉接合处疏松；皮下脂肪呈青白色，皮与脂肪之间常见有一薄层呈粉红色，手触摸时黏附于手指的脂肪少；乳头长而硬，乳头皮肤粗糙，乳头孔很明显，横切乳头，两乳池明显，纵切乳房部，可见粉红色海绵状腺体，有的虽然萎缩，但有丰富的结缔组织填充，有时尚未完全干乳，故切开时可流出黄白色的乳汁。

63. 什么是冷却排酸肉？

肉类排酸是现代营养学所提倡的一种肉类后成熟工艺。猪肉的冷却排酸具体是指生猪经过动检人员严格检疫、证明卫生合格并在定点屠宰场内进行屠宰后，立即进入冷环境中，用相关设备将肉冷却下来，然后进行分割、剔骨、包装，并始终在低温环境下进行加工、储藏、配送和销售，直到进入消费者的冷藏箱或厨房，肉温始终保持在－2～4℃。这样在低温下经过 24～48 小时的冷却，肉完成了“成熟过程”（亦称排酸过程），肉中的淀粉酶将肉中的动物淀粉和葡萄糖变为乳酸，乳酸可嫩化肉的结缔组织。这种完成成熟过程的肉即为“冷却排酸肉”。

64. 如何区分羊肉、猪肉与狗肉？

羊肉、猪肉和狗肉的鉴别特征如下表：

肉种类	肌　肉			脂　肪		
	色泽	质地	肌纤维性状	色泽和硬度	肌间脂肪	气味
绵羊肉	淡红色、红色或暗红色，肌肉丰满，肉黏手	质地坚实	肌纤维较细短	白色或微黄色，质硬而脆，油发黏	少	具有绵羊肉固有膻味
山羊肉	红色、棕红色，肌肉发散，肉不黏手	质地坚实	肌纤维比绵羊粗长	除油不黏手外，其余同上	少或无	膻味浓
猪肉	鲜红色或淡红色，切面有光泽	肉质嫩软	肌纤维细软	纯白色，质硬而黏稠	富有脂肪，瘦肉断面呈大理石样	具有猪肉固有的气味
狗肉	深红色或砖红色	质地坚实	肌纤维比猪的粗	灰红色，肉软而黏腻	少	具有不愉快的狗肉气味

65. 选购鲜猪肉应该注意什么？

一是注意经营者的主体是否合格，消费者主要看销售肉类产品的单位或摊位是否有营业执照和卫生许可证。

二是注意猪肉产品是否有合格标志，主要看销售的猪肉产品是否有卫生检验合格证明，肉表皮是否盖有兽医检验圆形印章。

三是注意有些不法屠商有意把母猪肉剥皮后假冒无皮猪肉出售，要注意辨别。

四是注意试用辨别猪肉品质的简易方法，可拔一根或数根猪毛，仔细看其毛根，如果毛根发红，则有可能是病猪肉，如果是毛根白净，则不是病猪。

五是特别要防屠商的有意伪装，注意买整不买零，少数不法屠商在出售病猪肉或母猪肉时，有意将整头猪肉产品分割成一块块零头来出售，价格上也稍微便宜些，旁边放置一块盖有圆印章的合格猪肉，来迷惑消费者。

66. 选购牛羊肉应该注意什么？

第一，为防止买到病、死肉类，消费者应到正规的商店、超市，尽量不要购买私屠滥宰的肉类。选购时先要注意查看卫生防疫标志，再看肉体有无光泽，红色是否均匀，脂肪是否洁白和有无异味等。

第二，识别注水肉除了用眼观察肉质外，还要用指压来判断。鲜肉弹性强，经指压后凹陷能很快恢复。注水肉弹性较差，指压后不但恢复较慢，而且能见到液体从切面渗出。

第三，销售环境要整洁卫生，井然有序，最好是在具备冰箱、冰柜等制冷设备的地方购买。

第四，初步了解各种假冒伪劣肉及肉制品的识别方法，买肉之前仔细辨认。

第五，购买熟肉制品，要仔细查看标签（品名、厂名、厂址、生产日期、保质期、执行的产品标准、配料表、净含量等各种标识），而且要尽可能选择透明性的包装。

67. 选购禽肉应该注意什么？

第一，一般活禽应神情活泼，羽毛丰密而油润，眼睛有神，灵活。例如，健康的鸡，冠与肉髯色泽鲜红，冠挺直，肉髯柔软两翅紧贴禽体，羽毛有光泽。

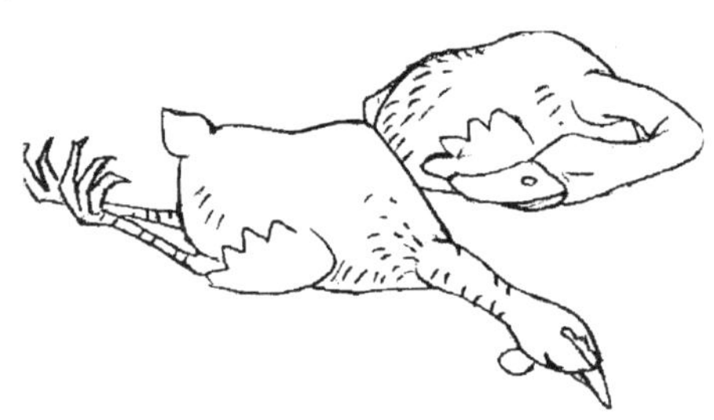

第二，爪壮有力，行动自如。病鸡则萎靡不振，羽毛蓬乱，两翅下垂；冠与肉髯多呈淡红色或发黑；用手摸其胸肌和嗉囊，膨胀有气体或积食发硬；行动无力，站立不稳。健康的禽类宰杀后，皮肤呈淡黄色或黄色，表面干燥，有光泽。

第三，脂肪透明，质地坚实富有弹性。病禽宰后，表皮粗糙，暗淡无光，甚至有青紫色死斑块。鸡的老嫩也可以鉴别，老鸡的爪尖磨损光秃，脚掌皮厚而且发硬，脚腕间的凸出物较长；嫩鸡的爪尖磨损不大，脚掌皮薄，无僵硬现象，脚腕间的凸出物也较小。

第四，市场上出售的冷冻禽肉也有好坏之分。新鲜的冷冻禽肉，表皮油黄色，眼球有光泽，肛门处不发黑发臭。解冻后变质的冻禽肉，皮肤呈灰白、紫黄色或暗黄色，手摸有黏滑感，眼球混浊或紧闭，有臭味。

68. 选购肉类制品应该注意什么？

第一，人们购买熟肉制品时，主要还是靠感官鉴别优劣。好的酱、卤肉类制品，外观为完好的自然块，洁净，新鲜润泽，呈现肉制品应该有的自然色泽。

第二，肠类制品外观应完好无缺，不破损，洁净无污垢，肠体丰满、干爽、有弹性，组织致密，具备该产品应有的香味，无异味。从色泽上看，经过熏制的肉制品一般棕黄色，并带有烟熏香味。红肠为红曲色，小泥肠为乳白色或米黄色。

第三，对于包装的熟肉制品，要看其外包装是否完好，胀袋的产品不可食用。对于以尼龙或PVDC为肠衣的灌制品，例如市场上销售的西式火腿、肠类产品，在选购时，除了看标签上的成分和日期外，如发现胀气、或是与肠体分离的，也属于变质，不要选用。

第四，质量良好的咸肉，表面为红色，切面肉呈鲜红色，色泽均匀，无斑点，肥膘稍有淡黄色或白色，外表清洁，肌肉结实，肥膘较多，肉上无猪毛、霉菌和黏液等污物，气味正常，烹调后咸味适口。变质的咸肉，外表呈现灰色，瘦肉为暗红色或褐色，脂肪发黄、发黏，有霉斑或霉层，生虫并有哈喇味，有腐败或氨臭的气味，肉质松弛或失去弹性。

第五，质量良好的腊肉，刀工整齐，薄厚瘦均匀，形状美观，瘦肉坚实有一定硬度、弹性和韧性，无杂质、清洁，每条长度在 35 厘米左右。皮为金黄色并有光泽，瘦肉红润，肥膘淡黄色，无斑污点。有腊制品的特殊香味，蒸后鲜美爽口。如果有较严重的哈喇味和严重变色的腊肉不能食用。

69. 选购肉松和火腿等应该注意什么？

第一，要选择有“QS”标志的产品，其次要注意看产品的标志标注是否规范。尽量到一些信誉比较好的大商场、大超市购买。选购知名品牌的产品，这些产品的生产企业规模大，质量控制严格，产品质量较有保障。

第二，在选购肉松产品时，注意看产品的配料表，如果配料表中列出了淀粉，则产品为肉粉松，肉粉松的蛋白质等营养成分相对普通肉松要少。

第三，选购火腿肠时注意标签上明示的产品级别，级别越高的产品，含肉的比例越高，蛋白质的含量也相应提高。另外，在购买火腿肠时选择摸上去弹性好的产品，弹性好，肉的比例也高。

第四，选购肉松和火腿肠类熟肉制品时最好选择近期生产的产品。肉制品一次买量不宜过多。已开封的肉制品一定要密封，最好在冰箱中冷藏保存，尽快食用。

第五，注意观察产品的外包装，不要购买火腿肠肠衣或肉松的包装袋上有破损的产品。

70. 瘦肉精有什么危害?

“瘦肉精”的化学名称为盐酸克伦特罗，是一种人的医疗用药品，医学上称为平喘药或克喘素，用于治疗支气管哮喘、慢性支气管炎和肺气肿等疾病。大剂量用在饲料中可以促进猪的增长，减少脂肪含量，提高瘦肉率，但食用含有瘦肉精的猪肉对人体有害。“瘦肉精”在我国已经禁用。

使用“瘦肉精”会在动物产品中残留，这种物质的化学性质稳定，一般加热处理方法不能将其破坏，人食入含有大量“瘦肉精”残留的动物产品后，在 15～20 分钟就会出现头晕、脸色潮红、心跳加速、胸闷、心悸、心慌等症状，对人健康危害极大。“瘦肉精”在动物的肝、肺、肾、脾等内脏器官中残留量较高。

71. 氯霉素有什么危害?

氯霉素对人类的毒性较大，它会抑制骨髓造血功能造成过敏反应，引起再生障碍性贫血（包括白细胞减少、红细胞减少、血小板减少等），此外该药还可引起肠道菌群失调及抑制抗体的形成。该药已在国外较多国家禁用。有关行政主管部门将重点打击氯霉素用于牧业、渔业的生产。

72. 如何选购鸡蛋？

（1）可用日光透射 用左手握成圆形，右手将蛋放在圆形末端，对着日光透射，新鲜的鸡蛋呈微红色，半透明状态，蛋黄轮廓清晰；如果昏暗不透明或有污斑，说明鸡蛋已经变质。

（2）可观察蛋壳 蛋壳上附着一层霜状粉末，蛋壳颜色鲜明，气孔明显的是鲜蛋；陈蛋正好与此相反，并有油腻。

（3）可用手轻摇 无声的是鲜蛋，有水声的是陈蛋。

（4）可用冷水试 如果蛋平躺在水里，说明很新鲜；如果它倾斜在水中，它至少已存放 3～5 天了；如果它笔直立在水中，可能存放 10 天之久，如果它浮在水面上，这种蛋有可能已经变质，不建议购买。

73. 食用鸡蛋有哪些注意事项？

鸡蛋是人们常吃的食物，营养价值很高，但鸡蛋也有饮食禁忌。常饮鸡蛋忌与白糖、豆浆、兔肉同吃。鸡蛋和白糖同煮，会使鸡蛋蛋白质中的氨基酸形成果糖基赖氨酸的结合物，这种物质不易被人体吸收，对健康会产生不良作用。豆浆性味甘平，含植物蛋白、脂肪、碳水化合物、维生素、矿物质等很多营养成分，单独饮用有很强的滋补作用；但其中有一种特殊物质叫胰蛋白酶，与蛋清中的卵松蛋白相结合，会造成营养成分的损失，降低二者的营养价值。鸡蛋还有一个饮食禁忌，就是不能与兔肉同吃。《本草纲目》中说："鸡蛋同兔肉食成泻痢。"兔肉性味甘寒酸冷，鸡蛋甘平微寒，二者都含有一些生物活性物质，共食会发生反应，刺激肠胃道，引起腹泻。

此外，吃完鸡蛋后不要立即饮茶，因为茶叶中含有大量鞣酸，鞣酸与蛋白质合成具有收敛性的鞣酸蛋白质，使肠蠕动减慢，从而延长粪便在肠道内滞留的时间，不但易造成便秘，而且还增加有毒物质和致癌物质被人体吸收的可能性，危害人体健康。

用鸡蛋做的菜不宜放味精，因为鸡蛋本身含有多量的谷氨酸及一定量的氯化钠，若加入味精，加温后这两种物质会生成一种新的物质谷氨酸钠，即味精的主要成分，鸡蛋本身的鲜味反而被掩盖。

74. 如何选购咸鸭蛋？食用时有哪些注意事项？

（1）看外观 品质好的咸鸭蛋外壳干净，光滑圆润，不应该有裂缝，蛋壳呈青色，又叫"青果"；质量较差的咸鸭蛋外壳灰暗，有白色或黑色的斑点，这种咸鸭蛋容易碰碎，保质期也相对较短。

（2）摇蛋体 就是轻摇蛋体，质量好的咸鸭蛋应该有轻微的颤动感觉，如果感觉不对并带有异响，说明鸭蛋已经变质了。

（3）剥蛋壳 就是煮熟后剥开蛋壳，质量上乘的咸鸭蛋黄白分明，蛋白洁白凝练，咸味适中，油多味美，用筷子一挑便有黄油冒出，蛋黄质地细沙，分为一层一层的，由浅至深，越往蛋心越红，中间无硬心，味道鲜美；而质量差的咸鸭蛋蛋白较烂、腐腻、咸味较大，最好不要食用。

咸鸭蛋不宜与甲鱼、李子同食。鸭蛋性偏凉，故脾阳不足、寒湿下痢者不宜食用。鸭蛋的胆固醇含量也较高，有心血管病、肝肾疾病的人应少食。咸鸭蛋含盐量高，高血压、糖尿病患者不宜多食。此外，孕妇体内雌激素有促进水分和盐在身体内过多存留的作用，食用盐鸭蛋会使盐的摄入量远远超过机体需求量，导致孕妇高度水肿，会使体内有效血液循环量剧增，供给胎儿血液减少，影响胎儿生长发育，所以孕妇忌食。

75. 喝豆浆要注意什么？

（1）忌喝未煮熟的豆浆　生豆浆加热时泡沫上涌，人们就误以为已经煮沸，其实这是豆浆的有机物质受热膨胀形成气泡造成的上冒现象，并非沸腾，是没有熟的。没有熟的豆浆对人体是有害的，须用匙充分搅拌，直至真正的煮沸。经过烧熟煮透，豆浆中的有害物质就会被全部破坏，使豆浆对人体没有害处。

（2）忌在豆浆里打鸡蛋　原因一是，热豆浆的温度不足以对鸡蛋充分加热。生鸡蛋中很容易含有一些致病细菌，还有一些过敏原。这些成分没有被充分加热而失去活性的话可能产生一些不良后果。二是，即使熟鸡蛋，也不宜与豆浆同吃，豆浆中的胰蛋白酶与蛋清中的卵松蛋白相结合，会造成营养成分的损失，降低二者的营养价值。

（3）忌冲红糖　红糖里的有机酸和豆浆中的蛋白质结合后，

可产生变性沉淀物，大大破坏了营养成分。

（4）忌装保温瓶 豆浆中有能除掉保温瓶内水垢的物质，在温度适宜的条件下，以豆浆作为养料，瓶内细菌会大量繁殖，经过3～4个小时就能使豆浆酸败变质。

（5）忌喝过量 豆浆饮用过多容易引起蛋白质消化不良，出现腹胀、腹泻等不适症状。

（6）忌空腹饮豆浆 豆浆里的蛋白质大都会在人体内转化为热量而被消耗掉，不能充分起到补益作用。饮豆浆的同时吃些面包、糕点等食品，可使豆浆中蛋白质等在淀粉的作用下，与胃液较充分地发生酶解，使营养物质被充分吸收。

76. 喝牛奶要注意什么？

人人都知道喝牛奶好，但喝牛奶有许多讲究。搭配不当，不但于身体无补，还可能造成一些危害。在日常生活中，有不少人在喝牛奶后，喜欢吃巧克力、橘子等酸性食物，有的人还喜欢在牛奶中加入红糖。这些饮用方法是不科学的。

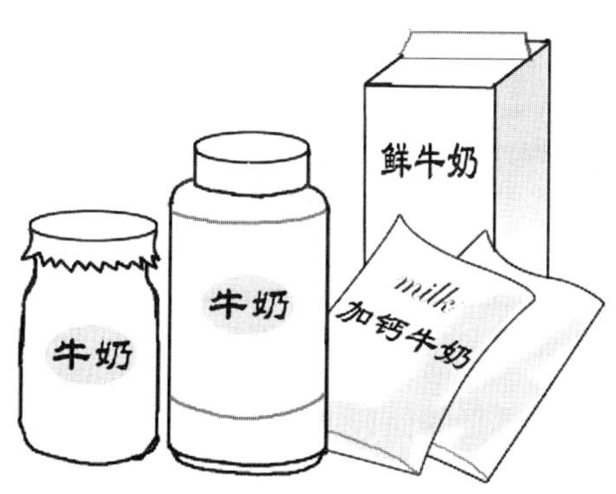

因为牛奶中含有丰富的磷蛋白和酪蛋白，而酪蛋白常以钙盐的形式存在于奶中，牛奶一旦遇到酸性食物中的草酸或果酸，就会结合成草酸钙或形成较大的凝块，既不利于消化，也影响营养成分的吸收，有的人甚至出现腹胀、腹痛、腹泻等胃肠道症状。因此，饮用牛奶时不要与酸性食物同吃。

（1）橘子与牛奶 在喝牛奶前后1小时左右，不宜吃橘子。因为牛奶中的蛋白质一旦与橘子中的果酸相遇就会发生凝固，从而影响牛奶的消化与吸收，在这个时间段里也不宜进食其他酸性水果。

（2）果汁与牛奶 牛奶中的蛋白质80%为酪蛋白，牛奶的酸度在4.6以下时，大量的酪蛋白便会发生凝集、沉淀难以消化吸收，严重者还可能导致消化不良或腹泻。所以牛奶中不宜添加果汁等酸性饮料。

（3）牛奶与糖 牛奶中含有的赖氨酸在加热条件下能与果糖反应，生成有毒的果糖基赖氨酸，有害于人体。鲜牛奶在煮沸时不要加糖，煮好牛奶稍凉后再加糖不迟。

（4）牛奶与巧克力 牛奶含有丰富蛋白质和钙，而巧克力含有草酸，两者同食结合成不溶性草酸钙，极大地影响钙的吸收。长期饮用出现头发干枯、腹泻、生长缓慢等现象。

77. 牛奶口味淡与浓，是否与质量有关？

一般来讲，我们讨论牛奶的质量，主要是从牛奶的卫生质量和营养成分质量两个方面来看。

对于牛奶卫生质量的保证主要是通过热处理破坏牛奶中的致病菌或者彻底杀死所有导致牛奶变质的微生物来实现。在适当的储存条件下，热处理后的牛奶在保质期内的卫生质量一般都是能够保证的。营养成分质量则主要从牛奶的脂肪、蛋白、乳糖、矿物质等固体成分的含量方面考虑，牛奶中这些成分的含量主要与牧场所处地区、奶牛品种、饲养方式、季节、泌乳期等多种因素有关，因而风味也不尽相同；加之在牛奶的加工过程中也会生成部分的香气成分，不同来源的牛奶加工后口味也会有一定的差别。一般可以说牛奶的口味越浓，则各种营养成分的含量就越高，牛奶的质量相对来讲也越高。当然，随着食品工业的不断发展，一些食品添加剂的加入也会在不改变牛奶中固形物含量的情况下，增加牛奶的香浓口感，满足消费者口味上的需求，但这与牛乳的营养价值无关。

78. 生鲜牛奶为什么要杀菌后才能饮用?

生鲜牛奶是指从正常饲养的健康母牛乳房内挤出的奶。生鲜食品中存在一定数量的微生物是自然界的普遍现象。生鲜牛奶营养物质丰富，又是液体状态，比其他固体内食品更适合微生物生长繁衍，即使挤出后立即冷藏保存，也会含有少量微生物，其中不排除有病源微生物。如果不经过加热杀菌处理就直接饮用，可能造成消化道疾病或其他疾病。因此，即使消费者可以获得生鲜牛奶，也一定要煮沸后饮用。

79. 为什么牛奶不能冷冻保存?

据专家分析发现，牛奶中含有 3 种不同性质的水，其中游离水含量最多，它不会与其他物质结合，只起溶剂作用。第二种是结合水，是与蛋白质、乳糖、盐类结合在一起的一种水，不再溶解其他物质，在任何情况下不发生冻结。第三种是结晶水，是与乳糖结晶体一起存在的水。当牛奶冻结时，游离水先结冰，牛奶由外及里逐渐冻结，里面包着的干物质含量相应增多。当牛奶解冻后，奶中蛋白质易沉淀、凝固而变质。因此，牛奶忌冰冻保存。

80. 巴氏杀菌乳为什么必须冷藏保存？

巴氏杀菌乳通常又被称为“鲜”奶，是以生鲜牛乳为原料，经过巴氏杀菌工艺生产的产品。国内生产巴氏杀菌乳常用的工艺为 85℃加热 10～15 秒，其优点是可以杀灭生鲜牛奶中所有致病菌和绝大部分微生物，同时对生鲜牛奶中的营养物质尤其是蛋白质、维生素的损害很小，是营养价值最高的液态奶产品。但是，经过巴氏杀菌工艺后，牛奶中仍然会存在极少量普通微生物，如果不进行冷藏，这些微生物将迅速生长，使牛奶在 1 天甚至数小时内变质。因此，巴氏杀菌乳从生产线下来后必须始终处于冷藏状态，这样其保质期可以延长 3～7 天。消费者从超市的冷藏柜购买巴氏杀菌乳后，一定要及时将其贮存在冰箱冷藏区。

81. 超高温灭菌乳与巴氏杀菌乳有什么区别?

超市中各种放在冷藏区以外的袋装或盒装牛奶，大都属于超高温灭菌乳，一般袋装奶保质期为30～45天，盒装奶保质期为6～9个月。超高温灭菌乳与巴氏杀菌乳的生产工艺有三点不同，一是加热强度更大，可以彻底杀死所有微生物；二是采用了特殊的无菌包装材料；三是包装过程在无菌环境中完成。因此，超高温灭菌乳可以在常温条件下保存很长时间。与巴氏杀菌乳相比，由于受热强度更大，超高温灭菌乳的营养物质损害程度比巴氏杀菌乳大，尤其是活性蛋白质和维生素。当然，超高温灭菌乳仍然是比较优秀的食品。

82. 有些人喝牛奶会腹泻是怎么回事?

有些人喝牛奶后，会出现肠鸣、腹痛甚至腹泻等现象，主要是由于牛奶中含有乳糖，而乳糖在体内分解代谢需要有乳糖酶的参与，有些人因体内缺乏乳糖酶，使乳糖无法在肠道消化，由此产生不适现象，在医学上称之为“乳糖不耐症”，这是缺乏乳糖酶的正常反应，而不是牛奶的质量问题。

乳糖酶缺乏是一个世界性的问题，体内乳糖酶水平一般随年龄增长而降低甚至丧失，乳糖不耐症发生率也随种族和地域而异，在亚洲人中有20%左右的人患有此症状。但是这种症状是可以减轻或消除的。只要坚持饮用，每次少喝一些，由少变多，不要空腹饮用，久而久之可以促进人体产生乳糖酶，改善乳糖不耐症症状。此外也可以通过食用奶酪、酸奶或低乳糖奶等乳制品，来摄取奶类蛋白等营养物。

83. 为什么要喝“无抗奶”？

牛奶中抗生素残留是目前国际上重点关注的质量安全指标之一，所造成的潜在危害也越来越受到公众的关注。

抗生素又称“抗菌素”，主要指由微生物所产生的能抑制或杀死其他微生物的一类化学物质，如青霉素、链霉素、四环素、金霉素、庆大霉素等，被广泛地应用于预防和治疗多种微生物感染性疾病。抗生素可用于患病奶牛的治疗，但必须遵照规定的休药期。国家规定，生牛奶中抗生素残留超过国家有关规定的不得用于奶品生产加工，抗生素残留超标的乳制品不得销售。

人们若长期饮用抗生素残留的牛奶，也就相当于长期低剂量服用抗生素，其危害性主要有：①使人体对抗生素产生更高的耐药性，给今后患病使用抗生素治疗带来不良影响；②抗生素过敏体质的人会出现过敏反应，危及健康；③破坏人体内正常菌群的平衡状态，使菌群失调，重症患者病情有时难以控制；④影响牛奶风味。

84. 为什么酸奶是一种良好的保健食品？

酸奶（酸牛奶）是以牛奶为原料，添加适量的砂糖，经巴氏杀菌和冷却后，加入纯乳酸菌发酵剂，经保温发酵而制成的产品。

酸奶中含乳酸菌的量在 10^7 个/克以上，生产酸奶用的菌种有保加利亚乳杆菌、嗜热链球菌和双歧杆菌等，它们都能发酵葡萄糖、果糖、半乳糖和乳糖，分别生成乳酸和少量的其他物质。酸奶的这些变化不但提高了牛奶的原有营养，而且赋予了酸奶特殊的风味。

酸奶是一种具有良好保健功能的食品，它的保健作用主要有：①对胃肠道菌群的调节；②对机体免疫系统的改善；③对肿瘤的抑制；④改善乳糖不耐症的代谢障碍；⑤降低胆固醇水平；⑥抑制体内毒素，延缓机体衰老。

85. 乳酸菌饮料与乳酸饮料有什么区别？

乳酸菌饮料与乳酸饮料同属酸性乳饮料，都是以鲜乳或乳制品为原料，前者经乳酸菌发酵加工制成，而后者则未经发酵加工制成。

乳酸饮料保质期要比乳酸菌饮料长。两类产品的成品中蛋白质含量都要求在0.7%以上。消费者在购买时，要根据其产品是否通过发酵，是否含有活性乳酸菌及其蛋白质含量来进行选择。

（五）水产品类

86. 影响水产品安全的主要因素有哪些？

目前影响水产品安全的主要因素可以分为以下七类：

（1）微生物、病毒及寄生虫污染。

（2）天然毒素　如鱼类毒素、贝类毒素等。

（3）环境污染物　重金属、多氯联苯、化学消毒剂等。

（4）农药残留　直接或间接污染的六六六、DDT、溴氰菊酯、敌百虫等。

（5）兽药（渔药）**残留**　用于鱼病防治的各类兽药残留，包括促生长剂等。

（6）加工污染及掺杂使假　亚硝酸盐和硝酸盐、甲醛、苏丹红等。

（7）食品及饲料添加剂　亚硫酸盐、多聚磷酸盐超标及喹乙醇添加等。

87. 如何判断蟹类的新鲜程度？

蟹类有海水蟹和淡水蟹之分，如海水梭子蟹、淡水蟹中的大

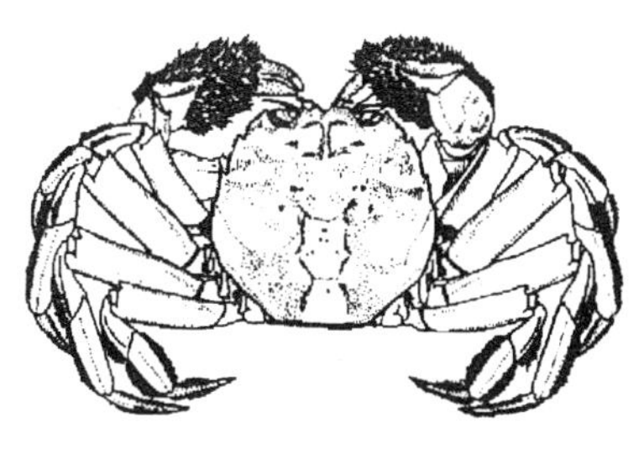

闸蟹等。蟹类有易变质的特点，因此食用时一定要确保新鲜，死的淡水蟹不能食用，以免发生食物中毒。食用时，要去掉蟹壳内的食囊，只吃蟹壳中的蟹黄和肌肉。

判断蟹类的新鲜程度，主要观察：①看肢体的连接。新鲜蟹类步足和躯体连接紧密，提起蟹体时，步足不松弛下垂。不新鲜蟹类在肢、体相接的可转动处，就会明显呈现松弛现象，以手提起蟹体，可见肢体（步足）向下松垂现象。②看腹脐上方的"胃印"。不新鲜蟹类胃内容物就会腐败而在蟹体腹面脐部上方泛出黑印。③看蟹"黄"是否凝固。蟹体内被称为"蟹黄"的物质，是多种内脏和生殖器官所在。当蟹体在尸僵阶段时，"蟹黄"是呈现凝固状的。不新鲜蟹类，即呈半流动状。到蟹体变质时更变得稀薄，手持蟹体翻转时，可感到壳内的流动状。④看鳃。新鲜蟹类鳃洁净、鳃丝清晰，白色或稍带黄褐色。不新鲜蟹类鳃丝就开始腐败而黏结，但须剥开甲壳后才能观察。

88. 如何选购新鲜的虾？食用时有什么注意事项？

虾，属节肢动物甲壳类，种类很多，包括青虾、河虾、草虾、小龙虾、对虾、明虾、基围虾、琵琶虾、龙虾等。虾具有很高的食疗价值，并用作中药材。

买虾的时候，要挑选虾体完整、甲壳密集、外壳清晰鲜明、肌肉紧实、身体有弹性，并且体表干燥洁净的。至于肉质疏松、颜色泛红、闻之有腥味的，则是不够新鲜的虾，不宜食用。一般来说，头部与身体连接紧密的，就比较新鲜。色发红、身软、掉拖的虾不新鲜尽量不吃，腐败变质虾不可食；虾背上的虾线应挑去不吃。

虾忌与某些水果同吃。虾含有比较丰富的蛋白质和钙等营养物质。如果把它们与含有鞣酸的水果，如葡萄、石榴、山楂、柿子等同食，不仅会降低蛋白质的营养价值，而且鞣酸和钙离子结合形成不溶性结合物刺激肠胃，引起人体不适，出现呕吐、头晕、恶心和腹痛腹泻等症状。

89. 如何选购甲鱼？食用时有什么注意事项？

一看，主要看甲鱼的各个部位。外形完整，无伤无病，肌肉肥厚，腹甲有光泽，背胛肋骨模糊，裙厚而上翘，四腿粗而有劲，动作敏捷的为优等甲鱼；反之，为劣等甲鱼。

二抓，用手抓住甲鱼的反腿腋窝处，如活动迅速、四脚乱蹬、凶猛有力的为优等甲鱼；如活动不灵活、四脚微动甚至不动的为劣等甲鱼。

三查，主要检查甲鱼颈部有无钩、针。有钩、针的甲鱼，不能久养和长途运输。检查的方法：可用一硬竹筷刺激甲鱼头部，让它咬住，再一手拉筷子，以拉长它的颈部，另一手在颈部细摸。

四试，把甲鱼仰翻过来平放在地，如能很快翻转过来，且逃跑迅速、行动灵活的为优等甲鱼；如翻转缓慢、行动迟钝的为劣等甲鱼。

甲鱼不宜与桃子、苋菜、鸡蛋、猪肉、兔肉、薄荷、芹菜、鸭蛋、鸭肉、芥末、鸡肉、黄鳝、蟹一同食用。死甲、变质的甲鱼不能吃；煎煮过的鳖甲没有药用价值；生甲鱼血和胆汁配酒会使饮用者中毒或罹患严重贫血症。此外，肝病患者忌食甲鱼；患有肠胃炎、胃溃疡、胆囊炎等消化系统疾病者不宜食用；失眠、孕妇及产后腹泻者不宜食用。甲鱼含高蛋白质和脂肪，特别是它的边缘肉裙部分还含有动物胶质，不容易消化吸收，一次不宜吃得太多。

90. 野生海刺参与圈养海参有什么区别?

（1）底足　野生海刺参一般生长在水深 20 米左右的海域，通过底足行动来寻找食物，所以底足长得短而粗壮；而圈养的海参因为长期使用养殖人员投放的饵料不需要移动，且生活在浅水区域，底足的行动作用下降，吸附力差，变得细长。

（2）沙嘴　野生海参的沙嘴大而坚硬。

（3）肉质　野生海参因为生长水域深，水温低，日照少，生长慢，肉质厚实有弹性，筋宽厚饱满，沉积的营养物质丰富；而圈养的海参生长的快，肉质松软不紧实。

（4）形态　野生海参是纺锤形的，两头尖中间粗，短粗胖，看起来很结实；而圈养的海参长得细长，缺乏韧劲。

（5）背刺　野生海参需要觅食，活动较多，背部和两侧的刺都是很粗壮，而且粗细不一；而圈养海参人工喂养，活动较少，背部和两侧的刺长短基本一致，而且刺长的细长显得没有力量的感觉。

（6）生长年限　野生海刺参一般生长 4 年以上才达到捕捞标准，时间越久营养沉积越多，滋补价值越大；而圈养海参为了快速达到上市销售的目的，迅速对海参进行催肥，在短短一两年的时间里就捕捞销售。

另外，野生的海参口感劲道，无涩味，切口细腻、整齐、均匀。

91. 如何选购干海参？食用时有什么注意事项？

（1）海参一定要干燥，不干的海参容易变质，而且因为含有大量水分价格实际高出了很多。

（2）购买干海参时一定要挑选干瘪的，现在有不少不法商贩在海参的加工过程中，为了增加海参的重量加入了大量白糖、胶质甚至是明矾，这样加工出来的海参虽然不符合产品质量标准，但因为参体异常饱满，颜色也黑亮美观，对消费者具有很大的蒙蔽性。

（3）购买干海参时不要一味追求价格便宜，要结合干海参的水发率来进行综合比较。1 斤好的干海参可以发出 10 斤的水发海参，而 1 斤劣质干参水发后不超过 5 斤，甚至破碎不堪根本无法食用。

海参不宜与甘草酸、醋同食。中医认为，海参可以补肾、养血，营养和食疗价值都非常高。可是，做海参时如果放了醋，在营养上就会大打折扣。酸性环境会让胶原蛋白的空间结构发生变化、蛋白质分子出现不同程度的凝集和紧缩。海参还不能与葡萄、柿子、山楂、石榴、青果等水果同吃，同时食用，不仅会导致蛋白质凝固，难以消化吸收，还会出现腹疼、恶心、呕吐等症状。

涨发好的海参应反复冲洗以除残留化学成分；海参发好后适

合于红烧，葱烧、烩等烹调方法；发好的海参不能久存，最好不超过 3 天，存放期间用凉水浸泡上，每天换水 2～3 次，不要沾油，或放入不结冰的冰箱中；如是干货保存，最好放在密封的木箱中，防潮。

（六）其 他 类

92. 如何科学合理地饮茶？

茶叶是天然饮品，具有良好的保健作用。茶叶中的茶多酚能清除体内自由基，起到抗衰老的作用；儿茶素具有抗脂质过氧化作用，饮茶能起到降血脂、血压、血糖的作用。茶叶具有消炎解毒、抗放射性伤害、抗突变作用；饮茶兴奋神经中枢，具有消除疲劳的作用；饮茶还具有止渴、解热、明目、健齿及防龋齿的作用。

提倡科学合理地饮茶，消费者应根据所居住的环境和当地的气候条件选择适合自己的茶类。各地都有自己不同的饮茶习俗和喜好的茶类。科学饮茶，还可根据一年四季的变化和茶属性进行调整和改变。

夏季，气温较高，选饮绿茶。绿茶性凉，饮一杯绿茶可以散发身上的暑气，给人一种舒畅感。夏天也适宜饮用白茶，有健胃提神、降热的功能。

冬季，天气寒冷，宜饮味甘性温的红茶，也宜饮发酵程度较重的乌龙茶，有生热暖胃的作用。

春季，气温开始转暖，雨水多，湿度大，宜饮香气馥郁的花茶，有祛寒理郁的作用。

秋季，天气开始转凉，宜饮发酵适中、性平的乌龙茶，或经闷黄发酵的黄茶，可以消除夏天的余热，恢复津液。

科学饮茶还要根据消费者的身体状况、生理时期来决定。一般身体健康的消费者可以根据自己的嗜好选取茶类，而对于身体状况不好或处于特殊时期的消费者应合理地选饮。一些有疾病的患者应慎饮茶叶，如心动过速的冠心病患者，神经衰弱患者，宜少饮茶；而脾胃虚寒者，不宜饮用绿茶。

93. 如何保管茶叶?

茶叶保管的目的是维持茶叶的新鲜，防止品质下降。

家庭保管茶叶的方法主要有：石灰、木炭除湿保鲜法。找一个可以密闭的容器，在底部放上生石灰或木炭，数量约占容器的1/3，上覆盖一层布或干净的纸，将购买来的茶叶放入容器中，将盖密闭。这种保管方式费用低廉。

低温保存方法：将购买的茶叶放入家用冰箱中，冰箱的温度保持在 0～5℃，有条件的家庭可以单独购一冰箱贮藏茶叶，如果与食品一起混放，要做好茶叶的保护，因为茶叶极易吸入其他物品的异味，要多加几层包装，防止串味。冷藏茶叶取出后，应放在常温环境里回温一天（24 小时），待茶叶温度与室温一致时，再打开包装，取出茶叶饮用。冷藏茶叶取出时，防止茶叶在冷态下与高温的空气接触，茶叶表面附着冷凝水，加快了茶叶品质的下降。

94. 如何鉴别茶叶的好坏？

可以通过色、香、味、形四个方面的来评价。

（1）色泽 不同茶类有不同的色泽特点。绿茶中的炒青应呈黄绿色，烘青应呈深绿色蒸青应呈翠绿色，龙井则应在鲜绿色中略带米黄色；如果绿茶色泽灰暗、深褐，质量则不佳。绿茶的汽色应呈浅绿或黄绿，清澈明亮；若为暗黄或混浊不清，也定不是好茶。红茶应乌黑油润，汤色红艳明亮，有些上品工夫红茶，其茶汤可在茶杯四周形成一圈黄色的油环，俗称“金圈”；若汤色时间暗淡，混浊不清，必是下等红茶。乌龙茶则以色泽青褐光润为好。

（2）香气 各类茶叶本身都有香味，如绿茶具清香，上品绿茶还有兰花香、板栗香等，红茶具清香及甜香或花香；乌龙茶具熟桃香等。若香气低沉，定为劣质茶；有陈气的为陈茶；有霉气等异味的为变质茶。就是苦丁茶，嗅起来也具有自然的香气。花茶则更以浓香吸引茶客。

（3）口味 也叫茶叶的滋味，茶叶的本身滋味由苦、涩、甜、鲜、酸等多种成分构成。其成分比例得当，滋味就鲜醇可口，同时，不同的茶类，滋味也不一样，上等绿茶初尝有其苦涩感，但回味浓醇，令口舌生津；粗老劣茶则淡而无味，甚至涩口、麻舌。上等红茶滋味浓厚、强烈、鲜爽；低级红茶则平淡无味。苦丁茶入口是很苦的，但饮后口有回甜。

（4）外形 从茶叶的外形可以判断茶叶的品质，因为茶叶的好坏与茶采摘的鲜叶直接相关，也与制茶相关，这都反应在茶叶的外形上。如好的龙井茶，外形光、扁平、直，形似碗钉；好的珠茶，颗粒圆紧、均匀；好的工夫红茶条索紧齐，红碎茶颗粒齐整、划一；好的毛峰茶芽毫多、芽锋露等等。如果条索松散，颗粒松泡，叶表粗糙，身骨轻飘，就算不上是好茶了。

95. 如何选购蜂蜜？

第一，看色泽。用肉眼观看蜂蜜的颜色和光泽，以色浅、光亮透明、黏稠适度的为优质蜜；色呈暗褐或黑红，光泽暗淡，蜜液混浊的为劣质品。不同植物来源的单花种蜂蜜颜色不同。如紫云英、野桂花、洋槐等蜜种颜色浅白透明；荆条蜜、柑橘、荔枝为浅琥珀色。桉树、乌桕、荞麦、油菜等蜜种色泽较深。但结晶后颜色会变浅。一般来说，掺入外来物质的蜂蜜，颜色异常，光泽较差。如掺蔗糖的蜂蜜透明度较差，不清亮；掺淀粉或玉米粉的蜂蜜色泽混浊，常显云雾或团状。

第二，纯正蜂蜜有特有的清香味，如槐花蜜应有槐花香味，枣花蜜具有枣花香味。混合蜜也应有纯正良好的气味。假蜜花香味淡，掺糖的蜜有糖味。

第三，尝味道。取少许蜂蜜入口尝之，具清爽，细腻，味甜，喉感清润，余味轻悠者为优质蜜；如入口绵润，味甜而腻，喉感麻辣，余味较重的，系质量较差的蜂蜜或掺伪的蜂蜜。蜜有蜜味，糖有糖味。纯正蜂蜜甜而微酸，口感绵软细腻，余味轻悠长久。而假蜜的蜜味淡，余味淡薄短促。如掺蔗糖的蜜回味短，口感糖浆味浓；掺尿素的蜂蜜味甜而又咸涩；掺增稠剂的蜜有胶结口舌之感和刺激性异味。

第四，试手感。取少许蜂蜜，放在洁净干燥的手心上，用手指搓捻，一般纯正的蜂蜜结晶或凝固结晶都比较黏而细腻，用手指捻后无粗糙感；若结晶颗粒粗糙，手捻有粗糙感的，则有掺伪的可能。

第五，蜂蜜在低温下或放置的时间较久，其所含葡萄糖首先会析出沉于容器底部，而后所含的果糖继以结晶沉淀。较低的温度下往往使整个容器内的蜂蜜全部凝固，似猪油凝固状，但这不影响食用。

此外，还可以用一些简单的方法来检验蜂蜜的真伪。例如：将蜜与冷开水按 1∶4 混合搅匀，然后逐渐加入酒精，若出现白色絮状物则表明该蜂蜜掺了饴糖；将少量蜂蜜放入杯中，加适量水，煮沸，冷却后加 2 滴碘酒摇匀，如出现蓝色或绿色，则表明掺了淀粉；将蜂蜜滴在白纸上或草纸上，如果蜂蜜渐渐渗开，说明掺有蔗糖和水。

96. 如何食用和贮存蜂蜜？

一般人群早上空腹冲服两匙蜂蜜，不仅可以化痰、排毒，还可以有效防止便秘。牛奶、豆浆中加入蜂蜜有利于营养物质相互补充，促进人体的消化吸收。但是由于蜂蜜中的特殊成分，对于不同的人有不同的要求，因此食用蜂蜜时应注意以下几点：

（1）水温不宜太高。冲服蜂蜜水温应低于 60℃，因为过热的水会使蜂蜜中的酶类物质遭到破坏，产生有害物质。

（2）食用量不宜过多。蜂蜜食用少了不起作用，食用多了蜂蜜中的葡萄糖会超过有机体的耐糖量，从而干扰胰岛素功能。临床研究表明，一般提倡成年人每天 100 克，最好不超过 200 克，儿童每日 30～50 克。

（3）1 岁以下婴儿不宜食用蜂蜜。因为 1 岁以下婴儿免疫系统发育尚未完全，为避免意外，建议 1 岁以下婴儿不要食用蜂蜜。

（4）胃酸分泌过多的人要注意蜂蜜的食用方式。

（5）糖尿病患者应少吃蜂蜜。

蜂蜜最好放置在阴凉干燥处。如果保存得当，质优的蜂蜜可以放置 3～5 年甚至更长而不变质。

97. 什么样的蜂胶产品才是安全可靠的？

安全可靠的蜂胶应至少具备以下几点：

（1）原料质量安全有保障。蜂胶生产的产地环境、养蜂机具和包装器具应尽量做到不受污染，原料最好能达到无公害食品的标准要求。

（2）蜂胶必须经过严格加工。我国目前蜂胶生产过程中还不能很好地控制以铅为主的重金属污染，所以必须对铅含量超标的蜂胶进行除铅处理。

（3）蜂胶产品应有“保健食品”标识，“保健食品”标识是产品质量安全的保证。

（4）产品包装上须印有不适宜人群和主要原料等信息。不适宜人群应包括孕妇和 1 周岁以下儿童，严重过敏体质者应慎用；主要原料信息最好明确辅料食品添加剂的名称和含量，所列添加剂应满足食品添加剂国家卫生标准要求。

（5）在销售和宣传中应明确“保健食品”的身份，不能替代药品使用。蜂胶要作为药品使用还需要做很多科学实验，不要因为蜂胶具有多种生理活性而误解蜂胶的作用，否则就会带来安全问题。

98. 蜂胶产品的服用量多少为合适？

蜂胶产品的服用量是以摄入的功能成分黄酮类化合物含量表示，黄酮类化合物的补充量与维生素C差不多，关于其日摄取量，目前尚无定性结论。由于不同厂家生产的不同蜂胶制品的蜂胶含量不同、用途不同等，每次的服用量也不同，但目前的摄取水平远未达到有益的摄取量。

以蜂胶含量30%左右的蜂胶液为例，一般每日服用6～10滴。如果是用于保健目的，一般每日2～3次，每次15～20滴。癌症患者可以成倍增加用量。对于10岁以下儿童，每次的用量要减至大人用量的一半。

若是蜂胶含量30%左右的500毫克蜂胶软胶囊，一般食用每日服用1～2粒。如果是用于保健目的，一般每日2～3次，每次2～3粒。

99. 为什么鲜蜂王浆必须冷冻保存？如何正确认识蜂王浆中的激素？

蜂王浆中的一些活性成分非常不稳定，极易受到温度、时间、光照、空气等因素的作用，因而蜂王浆对贮存条件要求较高。若贮藏温度过高或贮存时间过长（如在室温下贮藏1个月），蜂王浆就会发生恶变，其物理性状、化学成分及品质会发生显著变化，使蜂王浆的保健和滋补功效降低甚至丧失。

蜂王浆中含有一些激素，如睾酮、孕酮、甲肾上腺素、肾上腺皮质激素、类胰岛素等，但这些激素是极痕量的，1 千克蜂王浆大约含各种激素 8 微克，并且在蜂王浆中比例是协调和平衡的，它不同于人工合成的激素，是天然的，加之人们服用蜂王浆量很少，不足以引起机体副作用和失调现象。

蜂王浆适于成年人服用，特别是中老年人更为适合。但是，因为蜂王浆含有包括激素在内的许多特殊物质，慎重起见，孕妇和青少年儿童不服用蜂王浆。如果儿童身体虚弱，可以根据医生嘱托，短期少许服用一些蜂王浆，对较快恢复身体精力和体力还是可以的。

100. 如何科学贮存和食用蜂花粉？

蜂花粉有些人食用后会发生打喷嚏等上呼吸道过敏症状，这是由于蜂花粉中具有抗原性和某些酶、蛋白，对部分过敏体质产生了作用，这些人最好不要服用或密切接触花粉；也有一些人服用蜂花粉会胃痛，实际上这也是一种过敏反应。将花粉拌入蜂蜜中服用或者服用制品可减低症状。

另外关于蜂花粉毒性，大多数蜂花粉是安全的，有极个别花粉是有毒的，如雷公藤和黎芦花粉，好在这些花粉蜜蜂很少采集，难以混入市场或加工厂，因此购买市售花粉食用时不必为此担心。

营养丰富的新鲜蜂花粉水分多，最容易受到的外来污染是微生物污染，蜂花粉如果贮存和灭菌不当，一方面会使营养价值降低；一方面会造成霉变。因此，在市场上正规销售的蜂花粉一般应经过干燥和灭菌处理，如钴 60 辐照法、微波、远红外灭菌等。作为消费者购买蜂花粉后应贮存于阴凉通风处，最好在－1～5℃贮存，以防营养物质损失和霉变、长菌。

图书在版编目（CIP）数据

食用农产品安全消费100问/农业部农产品质量安全监管局编．—北京：中国农业出版社，2011.4
ISBN 978-7-109-15392-9

Ⅰ．①食…　Ⅱ．①农…　Ⅲ．①农产品：食品—选购—问答　Ⅳ．①F762-44

中国版本图书馆CIP数据核字（2011）第010798号

中国农业出版社出版
（北京市朝阳区农展馆北路2号）
（邮政编码 100125）
责任编辑　张玲玲

北京通州皇家印刷厂印刷　　新华书店北京发行所发行
2011年6月第1版　　2011年6月北京第1次印刷

开本：880mm×1230mm 1/32　　印张：2.875
字数：63千字　　印数：1～8 000册
定价：10.00元
（凡本版图书出现印刷、装订错误，请向出版社发行部调换）